ADHD의
재능찾기

MAKING ADHD A GIFT : Teaching superman how to fly

ADHD의 재능찾기

로버트 에버트 키메라 지음 | 이영나 · 우주영 옮김

Σ 시그마프레스

ADHD의 재능찾기

발행일 | 2008년 2월 25일 1쇄 발행

저자 | 로버트 에버트 키메라
역자 | 이영나, 우주영
발행인 | 강학경
발행처 | (주) 시그마프레스
편집 | 김수미
교정 · 교열 | 김성남

등록번호 | 제10-2642호
주소 | 서울특별시 마포구 성산동 210-13 한성빌딩 5층
전자우편 | sigma@spress.co.kr
홈페이지 | http://www.sigmapress.co.kr
전화 | (02)323-4845~7(영업부), (02)323-0658~9(편집부)
팩스 | (02)323-4197

인쇄 · 제본 | 백산인쇄

ISBN | 978-89-5832-463-8 가격 | 12,000원

MAKING ADHD A GIFT

Author : Robert Evert Cimera

First published in the United States by Rowman & Littlefield Education, Lanham, Maryland U.S.A. Reprinted by permission.

역자 서문

요즘 주의력결핍 과잉행동의 증상을 보이는 아동(이하 ADHD)이 증가하고 있는 추세이다. 하지만 ADHD 아동에 관한 많은 연구들이 주로 ADHD가 가지고 있는 결함과 부정적인 문제들을 개선하기 위한 치료방법에만 초점을 맞추어 연구되고 있다.

무엇보다 우리가 주목해야 할 점은 ADHD가 가지고 있는 부주의, 충동성, 과잉행동 등의 특성에 대해 지나치게 병리적이고 부정적인 측면에 초점을 두고 있다는 것이다. 물론 ADHD 아동이 부정적이며 적응을 잘 하지 못하는 면이 있는 것은 사실이지만, 모든 면에서 그런 것은 아니기 때문이다. 가령 ADHD는 주로 한 번에 여러 가지 생각을 해서 쉽게 산만해지기 쉬우나, 그것에 전략과 명확한 목적을 분명히 한다면 공중에서 저글링을 하듯이 강력한 힘을 발휘할 수도 있다고 생각한다. 또한 ADHD의 충동성은 순간적으로 여러 측면을 볼 수 있는 바탕이 되어 오히려 창의성과 유머감각과의 정적인 관계가 있다는 연구도 나오고 있다.

그렇기 때문에 ADHD가 가지고 있는 부주의, 충동성 등에 주의력을 확장하고 사회적 기술을 증가시키는 인지적 책략과 사회훈련 등이 필요하다고 생각한다. 그런 면에서 이 책은 특히 ADHD를 가진 부모와 교사에게 매우 유용한 정보를 줄 수 있다.

이 책의 저자인 Robert 교수는 ADHD로 진단을 받았고, 치료를 받으며 그것을 극복하기 위하여 많은 노력을 하여 지금은 미국 위스콘신대학교에서 학생들을 가르치게 된 장본인이기도하다. 이렇게 되기까지 얼마나 많은 좌절과 절망을 경험했을지 우리는 쉽게 짐작할 수 있을 것이다. 실제로 저자가 자신의 어려움을 극복하면서 아동기부터 성인에 이르기까지 연구하고 개발한 인지적 책략과 학교에서 적용할 수 있는 학습방법 및 전략 등에 대해서도 쉽게 소개하고 있다.

이 책을 통해 저자와 역자는 ADHD를 가진 아동, 청소년뿐만 아니라 그들의 부모와 교사가 ADHD의 행동을 일관되고 통합적으로 이해하고 방향을 잡아 가는 데 도움이 되기를 바란다. 그러기 위해서는 ADHD의 진단과 평가가 정확해야 할 것이고 ADHD의 긍정적인 측면에 귀 기울여서 ADHD의 성향을 억압하려고 하기보다는 긍정적인 작은 재능의 불씨를 찾아 키우는 것이 필요하다. 이러한 항해에 이 책이 좋은 이정표가 되어 줄 것으로 확신한다.

2008년 2월

역자 일동

저자 서문

주의력결핍 과잉행동장애(Attention Deficit Hyperactivity Disorder, ADHD)는 지난 수십 년 동안 다른 어떤 장애보다도 많은 연구의 대상이 되어 왔다. 불행하게도 대부분의 임상 연구와 대중매체에서는 과잉행동, 부주의, 그리고 충동성으로 대표되는 ADHD 증상을 억제할 필요가 있다고 강조하고 있다. 이에 결과적으로 부모와 교사는 ADHD 증상을 보이는 아동에게 가만히 앉아 집중할 것을 강요하게 되는 것이다. 이러한 강요는 부모나 교사가 ADHD 아동을 상대로 해야 할 일이 아니며 결국은 아동에게 지고 마는 전쟁인 것이다.

ADHD는 장애가 아니다. ADHD는 재능이다. 그러나 많은 전문가와 부모는 아동을 '정상적' 으로 만들기 위해 약물치료와 처벌에만 의존하고 있다.

이 글의 목적은 ADHD 증상을 보이는 개인의 본성을 잘 이용할 수 있는 효율적인 방법을 제시하여 본질적으로는 ADHD를 '엄청난 재능' 으로 바꾸는 데 있다. ADHD 증상을 보이는 대부분의 사람들이 학교생활 중에 진단을 받기 때문에 글 전반적으로 '학생' 이라는 말이 많이 쓰였고 그 뒤

제시되는 방법은 집에서나 학교에서나 모두 활용 가능하다.

이 글을 읽을 때 '특효약'이라든가 '만병통치약'이라는 것은 없다는 것을 명심하기 바란다. 어떤 학생에게 효과적인 방법이 다른 학생에게는 동일하게 적용되지 않을 수도 있다. 그러나 학생의 ADHD 증상을 완전히 없애는 것이 아니라 그들 개개인의 특성을 장점으로 인정하는 것에 초점을 둔다면 훨씬 더 많은 효과를 기대할 수 있다.

『ADHD의 재능찾기 : 슈퍼맨에게 나는 법 가르치기(Making ADHD a Gift : Teaching Superman How to Fly)』는 ADHD 아동의 부모와 ADHD로 진단받은 아동 그리고 (아직 진단을 받지는 않았지만) 비슷한 증상을 보이는 아동을 지도하는 교사를 위해 쓰인 책이다. 하지만 단지 이러한 경우뿐만 아니라 ADHD 증상이 있는 사람과 함께 일하는 동료, 고용주, 가족, 사회기관 등도 이 책에서 유용한 정보를 얻을 수 있을 것이다.

차 례

CHAPTER 01

ADHD에 대한 개관

이 장의 목표

이 장에서는 다음 질문에 답한다.

1. 'ADHD' 란 무엇인가?
2. ADHD의 원인은 무엇인가?
3. ADHD의 진단 방법은 무엇인가?
4. ADHD를 어떻게 치료할 것인가?
5. ADHD와 관련된 다른 질환에는 어떤 것들이 있는가?
6. ADHD의 주요 특징은 무엇인가?

사례 연구 : 마크

마크는 12세이며 여러 부적절한 행동을 보여 주고 있습니다. 만일 제가 그 아이에게 즉각적인 반응을 보이지 않으면 소리를 지르며 아무리 자주 주의를 주어도 책상 앞에 앉아 있어야 할 수업시간에 교실 안을 돌아다니거나 떠듭니다. 그러니 마크는 다른 학생을 방해하게 되고 특히 옆에 앉은 여학생을 성가시게 하지요. 마크는 여학생을 연필로 찌르고 낙서를 하며 적절치 못한 언행을 하거나 공책 등을 던지기도 합니다.

마크가 나쁜 아동이라는 것은 아닙니다. 그는 결코 나쁜 아동이 아닙니다. 사실 마크는 매우 영리하고 매력적인 아동이지요. 그러나 최근에는 마크가 교실에서 집중하는 모습을 전혀 볼 수가 없었습니다. 뿐만 아니라 일주일에 2~3번은 숙제나 책을 집에 "깜빡 잊고 두고 왔다."라고 이야기합니다. 결과적으로 평균 B+였던 성적이 C 아래로 떨어지기 시작했습니다.

마크를 방과 후 학교에 남기기도 해 보고 적절한 행동에 대해서는 칭찬을 아끼지 않았으며 부모에게 편지를 써서 보내고 수업이 없는 시간에 상담을 해 보았으나 효과가 없었습니다. 저는 이제 지쳐 버렸고 마크를 어떻게 다뤄야 할지 모르겠습니다.

● 사례연구에 대한 질문

1. 마크에게 주의력결핍장애가 있다고 생각하는가? 설명하라.
2. 만일 마크에게 주의력결핍장애가 있다면 어떻게 해야 한다고 생각하는가?
3. 마크의 행동을 다른 질환으로 설명할 수 있겠는가?
4. 만일 마크에게 주의력결핍장애가 있다면 어떤 유형이겠는가?
5. 마크의 선생님을 도울 수 있는 방법은 무엇이겠는가?

서 론

연구에 따라 추정치의 차이가 있기는 하지만 미국 어린이 중 약 3~5퍼센트 정도가 주의력결핍장애가 있는 것으로 보인다(American Psychiatric Association, 1994). 이러한 점에서 볼 때 ADHD가 교육자들에게 우려의 대상이 되고 있는 것은 당연한 일이다. 그림 1.1에서 보듯이 ADHD는 교사가 접할 수 있는 가장 흔한 질환 중 하나이다.

당신은 그냥 평범한 교사이고 오늘이 교사로서의 첫날이라 해 보자. 한 손에 학습지도 계획서를 들고 교실 문을 열었을 때 25명의 학생들 대부분이 수업이 시작하기를 기다리면서 각자의 자리에 조용히 앉아 있는 것을 볼 수 있을 것이다. 그러나 몇몇 학생은 뛰고 소리 지르고 책꽂이 위로 기어 올라가고 교실을 가로질러 무엇인가를 던지고 있고, 또 다른 몇몇의 학

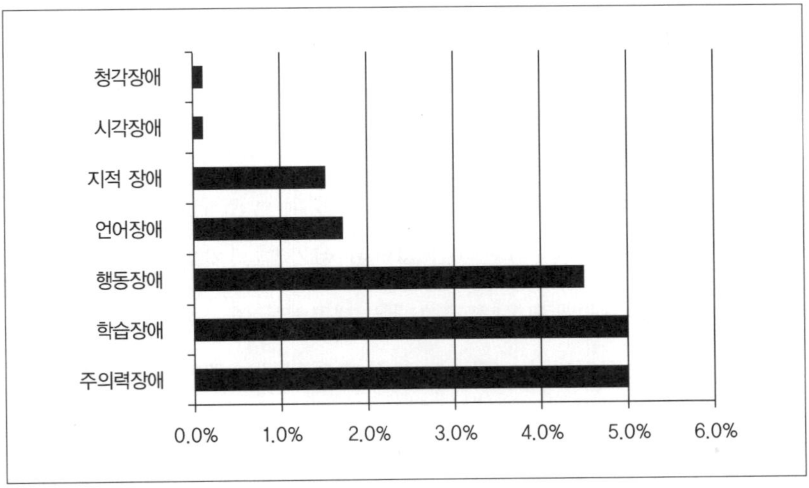

그림 1.1 학생의 다양한 장애 분포

출처 : Deutsch, Smith, and Luckasson(1995), Thomas(1996).

생은 허공을 멍하게 응시하고 있는 것도 보게 될 것이다. 게다가 당신이 무슨 노력을 하든지 후자의 두 그룹에 속한 아동은 선생님이든 수업이든 어디에도 집중할 수 없음을 깨닫게 된다.

이는 대부분의 일반 교사들의 일상을 과장한 것이다. 교사는 대학에서 특정 과목이나 교육학 등에 대한 분야의 학위는 받지만 조금 다르게 행동하고 학습하는 학생과 어떻게 지내야 하는지에 대해서는 거의 배우지 못한다. 결과적으로 교사나 ADHD 증상을 보이는 아동 모두가 학교생활에서 좌절감을 맛보게 된다.

이제 이렇게 특수 상황에 있는 학생과 하루에 몇 시간이 아니라 당신 인생의 대부분을 함께 보내야 한다고 상상해 보자. 이것이 바로 ADHD 아동의 부모와 형제가 겪고 있는 현실인 것이다. 만일 교사가 이렇게 특별한 보살핌이 필요한 아동을 다루는 방법을 잘 알고 있지 못한다고 하면, 전문 교육을 받지 못한 그들의 가족은 자신의 아동을, 형제를 어떻게 대하여야 하는지 더 모르고 있을 것이다.

한 가지 더 생각해 보기로 한다. 당신은 정말로 실력 있는 교육자이다. 우수한 성적으로 대학을 갓 졸업했으며 여기저기에서 당신에게 좋은 자리를 제시한다. 당신은 각종 장애 증상, 교수 방법, 행동 수정, 평가, 조정 등에 정통하다. 당신은 엄청난 양의 정보와 영감을 가지고 있으며 ADHD 학생과 일선 교사에게 교육 프로그램을 제공하는 훌륭한 역할을 담당할 수 있다. 당신의 끊임없는 노력으로 교사나 학생이 만족감을 느끼게 할 수 있는 것이다. 그럼 이제 당신의 역할은 끝난 것인가? 장기적인 안목으로 볼 때 결코 아니다.

가족은 어떠한가? ADHD 학생의 가족들도 교사만큼이나 도움과 정보가 필요하다. 예를 들면 부모는 ADHD란 무엇인지, 그 원인은 무엇인지, 치료 방법은 무엇인지, 관련 질환에는 어떤 것들이 있는지, ADHD 증상의 특징은 무엇인지 그리고 무엇보다도 그들의 자녀를 어떻게 가르치고 훈육할 것인지에 대해 알아야 한다. 대부분의 학습은 교실 밖에서 일어나며 모든 아동에게 가장 일차적이고 훌륭한 선생님은 부모라는 사실을 잊어서는 안 된다.

학교와 가정 모두에 초점을 맞추면 ADHD 아동의 잠재 능력을 배가시킬 수 있다. 가정에서 문제가 있는 학생은 학교 학습을 효과적으로 수행할 수가 없다. 교사가 아무리 훌륭한 행동 수정 프로그램을 준비한다 할지라도 교실 안에서만 행해진다면 이는 아무 의미가 없는 것이다. ADHD 학생의 미래를 위해 교사와 학부모가 함께 노력하고 협력해야 한다.

ADHD 학생과 함께하는 당신을 위해 이 글은 다음 세 가지를 서술한다.

1. ADHD에 대한 중요한 정보(원인, 특징, 치료 방법 등)
2. ADHD 학생이 자신의 능력을 극대화하여 가정에서나 학교에서 더 나은 역할을 수행하도록 돕는 방법(이는 ADHD를 장애가 아닌 재능으로 여길 수 있게 한다)
3. ADHD 학생에게 필요한 교육 프로그램을 개발하고 수행하고 평가하는 기술

'ADHD'란 무엇인가?

아마도 당신의 처음 질문은 "ADHD란 무엇인가?"일 것이다. 이는 "ADHD 증상의 다양한 사례들에는 어떤 것들이 있는가?" 또는 "다양한 주의력결핍 증상에 대한 정의를 어떻게 내릴 수 있는가?"로 표현될 수 있다. 먼저 실례를 살펴본 다음 ADHD에 대한 정의를 내려 보도록 하자.

ADHD는 개인의 집중력에 영향을 미치는 각종 장애들을 말한다. 아마 ADHD(Attention Deficit Hyperactivity Disorder, 주의력결핍 과잉행동장애)나 ADD(Attention Deficit Disorder, 주의력결핍장애)란 말을 들어 보았을 것이다. 이 둘은 연관성이 있기는 하지만 주의력에 관한 장애의 다른 분류이다. 이 두 가지 용어를 혼동하여 사용하고 있는 사람에게는 다음의 내용이 도움이 될 것이다.

ADHD의 간략한 역사

1980년대 이전은 ADD나 ADHD라는 용어가 대중화되지 않았던 때였다. 그 당시 주의력에 문제가 있었던 사람은 '미세 뇌기능 장애(minimal brain dysfunction)'로 진단받았다. 이러한 생각은 출생 시 두뇌에 약간의 손상을 입은 아동이 집중력 저하나 과잉행동을 보이는 현상에서 유래된 것이다. 그러나 1980년대에 이 미세한 두뇌 기능 장애라는 말이 '주의력결핍장애(ADD)'와 '주의력결핍 과잉행동장애(ADHD)'라는 말로 표현되기 시작했다.

ADD는 '멍한' 또는 '부주의한' 사람을 말한다. 예를 들면 교실에서 가만히 앉아 있기는 하나 끊임없는 공상에 빠져 있거나 집에서 자신의 물건을 종종 잃어버리는 아동은 ADD의 범주 안에 들어간다고 볼 수 있다. 반면에 잠시도 가만히 앉아 있지 못하고 여기저기 뛰어다니며, 결과는 생각해 보지도 않고 함부로 행동하는 아동은 ADHD로 간주된다. 다시 말하면 ADHD 아동은 충동적이며 과잉행동을 보인다.

ADHD의 유형

APA의 최근 정의(2000)에 따르면 주의력 장애는 다음 네 가지 하위유형으로 분류된다.

1. ADHD : 부주의 우세형(ADHD-I)
2. ADHD : 과잉행동-충동 우세형(ADHD-HI)
3. ADHD : 혼합형(ADHD-C)
4. ADHD : 달리 분류되지 않는 유형(ADHD-NOS)

그림 1.2(Mcburnett, 1995)에서 보듯이 세 가지 주요 ADHD 유형(ADHD-I, -HI, -C) 중 ADHD-C(혼합형)가 가장 흔하다. 또한 같은 문제를 보이는 경우를 보면 남성이 여성보다 9배 정도 더 많으며(America Psychiatric Association, 2000; Barkley, 1990), 남성이 보통 ADHD-C(혼합형) 유형인 반면, 여성은 대부분이 ADHD-I(부주의 우세형) 유형을 보인다.

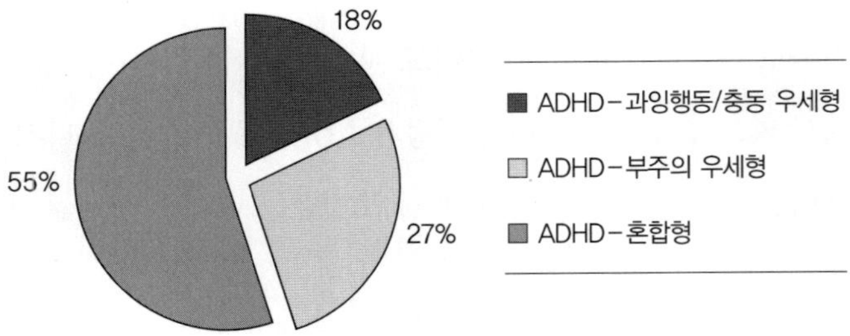

그림 1.2 유형별 ADHD 분포

출처 : McBurnett(1995).

ADHD의 정의

이제 "ADHD를 어떻게 정의할 것인가?" 하는 두 번째 질문으로 넘어가 보자. APA는 정신장애의 진단과 통계(Diagnostic and Statistical Manual of Disorders, DSM)라는 편람을 펴내고 있는데, 여기서 다른 정신장애 증상은 물론 주의력결핍장애 진단에 대한 범주를 찾을 수 있다. 한 가지 명심해야 할 점은 APA가 이 편람을 계속해서 갱신하고 있으므로 항상 최근의 자료를 참고해야 한다는 것이다. 최근 4판에 있는 DSM은 다음과 같다.

DSM-IV는 ADHD-I(부주의 우세형)를 다음과 같이 정의한다.

개인 발달 수준에서 볼 때 일관성이 없고 비순응적인(maladaptive) 정도가 6개월 이상 지속되며 다음 증상 중 6개 이상에 해당되는 경우

1. 학교에서나 일터에서 또는 그 밖의 다른 활동에서 세부적인 일에 집중할 수가 없고 부주의에 의한 실수가 잦다.
2. 일이나 놀이에 있어서 주의력을 지속하는 데 종종 문제가 있다.
3. 본인에게 직접 하는 말도 듣지 못하는 경우가 많다.
4. 학교생활이나 직장일, 집안일 등을 하는 데 있어 지시 사항을 따르지 않아 일을 그르치는 경우가 자주 있다.
5. 일이나 활동의 체계를 세우는 데 종종 문제가 있다.
6. 학교 수업이나 숙제와 같은 정신적인 노력을 요하는 일은 피하고 싶어 할 때가 많다.
7. 인형, 연필, 숙제 등 어떤 활동에 꼭 필요한 것들을 자주 잃어버린다.
8. 외부의 자극에 쉽게 동요되는 일이 잦다.
9. 매일 해야 하는 일상적인 일들을 종종 잊어버린다.

ADHD-HI(과잉행동-충동 우세형)를 DSM-IV에서 다음과 같이 정의한다.

개인 발달 수준에서 볼 때 일관성이 없고 비순응적인 정도가 6개월 이상 지속되며 다음 증상 중 6개 이상에 해당되는 경우

1. 손이나 발을 가만두지 못하고 자리에 앉아서도 몸을 꿈틀거리는 일이 잦다.
2. 교회나 교실에서 가만히 앉아 있지 못하고 자꾸 자리에서 일어선다.
3. 적절치 못한 상황에서 어슬렁거리며 돌아다니거나 어딘가에 올라가

있으려고 하는 경우가 종종 있다(지속적인 불안감을 느끼는 어른이 나 청소년에 해당).

4. 조용한 활동에 참여하는 것에 자주 어려움을 느낀다.
5. 바쁜 듯이 움직이거나 마치 모터가 달린 것처럼 행동하는 경우가 자주 있다.
6. 종종 말을 너무 많이 한다.
7. 질문이 끝나기도 전에 소리쳐 대답하는 일이 흔히 있다.
8. 순서를 기다리지 못할 때가 많다.
9. 자주 다른 사람 사이에 끼어들어 방해하기도 한다.

ADHD-I(부주의 우세형)와 ADHD-HI(과잉행동-충동 우세형)에 모두 해당하는 사람에게는 ADHD-C(혼합형)의 진단을 내릴 수 있다. 또한 ADHD-I, -HI, -C의 범주에 근접하기는 하나 충분한 징후를 보이지 않는 경우에는 ADHD-NOS(달리 분류되지 않는 유형)로 분류할 수 있다. 즉 ADHD-NOS는 주의력에 확실히 문제는 있으나 ADHD 범주에는 명확히 해당되지 않는 모든 개인에게 적용될 수 있는 것이다(표 1.1).

표 1.1 주의력결핍장애의 유형별 특성

ADHD-I	ADHD-HI	ADHD-C	ADHD-NOS
부주의	과잉행동 충동성	부주의 과잉행동 충동성	부주의 과잉행동 충동성

주 ADHD-NOS의 특성은 ADHD-C보다 그 정도 면에서 덜하다.

진단의 기타 요건

7세 이전에 발생 ADHD(ADHD-I, -HI, -C, -NOS)로 진단하기 위해서는 앞의 내용뿐만 아니라 다른 요건들도 충족되어야 한다. 첫째, 몇 가지 징후는 7세 이전에 나타난다. 이는 7세 이후에는 ADHD 진단이 불가능하다는 이야기가 아니다. 실제로 많은 이들이 어른이 되고 난 후에 ADHD 진단을 받고 있으나 주요 증상은 이미 7세 이전에 나타난다는 것이다.

여러 가지 환경 둘째, ADHD의 징후는 여러 환경 요소의 영향을 받는다. 가령 지루한 대화상에 있거나 재미없는 영화를 볼 때 어떠한 반응이 나타나는지 생각해 보자. 아마 몸을 들썩거리고, 집중하기가 힘들어지면서 중요한 부분을 놓치게 될 것이다. 하지만 이때 당신을 ADHD라고 진단할 수는 없다. 역으로 말하면 실제로 ADHD 증상의 아동이 놀이터에 있을 때와 교실에 있을 때 그 모습이 동일하다고는 볼 수 없다는 것이다. 즉 환경은 ADHD가 발현하는 데 중요한 역할을 하는 것이므로, 이 글을 통해 계속 이야기하겠지만, 한 개인을 ADHD로 진단하기 위해서는 환경 요소를 반드시 고려해야 한다.

임상적 질환 셋째, ADHD로 진단되기 위해서 사회적 · 학습적인 측면, 그리고 일의 수행능력 면에 있어서 임상적으로 중요한 질환이 있다는 것이 증명되어야 한다. 즉 아동이 약간 산만하다고 해서 그 아동에게 무조건 ADHD 진단을 내릴 수는 없다. 약간의 산만함이 그 아동의 여러 성격 중 일부분일 수도 있으며 혹은 그 전날 잠을 충분히 자지 못해서 생기는 일시적인 현상일 수도 있기 때문이다. ADHD로 진단을 내리려면 아동의 산만함이 학교생활을 힘들게 할 정도의 부정적 영향을 미치는 경우여야 한다.

기타 장애 넷째, ADHD가 반드시 정신분열이나 불안, 기분장애에서 기인하는 것은 아니다. 이는 많은 장애의 증상들이 ADHD의 증상과 유사하다는 점에서 중요하다. 예를 들면, 정신분열을 보이는 사람은 머릿속의 '환청' 으로 인한 부주의함을 보이며, 불안감에 시달리는 사람은 ADHD의 증상처럼 손발을 계속해서 움직이거나 경우에 따라 과잉행동을 보이기도 한다. 불행하게도 잘못된 진단이 매우 흔한 현실이다. 그러므로 교사와 부모에게 있어 중요한 점은 지속적으로 아동 상태를 확인하여 재진단하는 일이다. 절대 불변의 진단이란 없으며 질환 판단의 기준이 시간이 지남에 따라 계속 변화하는 경우가 많기 때문이다. 따라서 올해 ADHD 진단을 받은 사람이 내년에는 그렇지 않을 수 있으며, 어릴 때 ADHD 진단을 받은 학생이 나중에 어른이 되어서는 지극히 정상 범주에 들어갈 수도 있는 것이다.

잘못된 진단을 잡아내는 것이 얼마나 중요한지를 설명하기 위해 당신이 두 학생을 지도하고 있다고 가정해 보자. 두 학생 모두 허공을 멍하게 응시하고 있으나 한 아동은 우울증이 있다고 보며 한 아동은 ADHD-I(부주의 우세형)로 진단한 상태이다. 아마도 당신의 교육 프로그램—활동, 계획, 조절방법—은 아동별로 그 준비 내용이 매우 다를 것이다. 예를 들면 ADHD-I(부주의 우세형) 학생에게는 행동 수정 프로그램을 제공하는 반면 우울증을 보이는 아동에게는 상담이나 집단 치료를 권할 것이다.

하지만 당신은 실수로 두 학생의 상태를 반대로 진단하고 말았다.

ADHD-I(부주의 우세형)라고 생각한 아동은 실제로 우울증을 가지고 있었으며 우울증이 있다고 생각한 아동은 ADHD-I(부주의 우세형) 증상이 있었던 것이다. 당신이 준비하고 제시한 프로그램은 과연 학생에게 적절한 것이었을까? 아마 아닐 것이다. 상담은 ADHD-I(부주의 우세형) 학생에게 어느 정도 도움이 될 수 있지만 행동 수정 프로그램이 우울증 학생의 상태 호전에 얼마나 효과가 있을지는 의문이다.

행동의 빈도 위에서 언급된 ADHD의 정의를 보면 '몸을 꿈틀거리는 일이 잦다', '종종 말을 너무 많이 한다'는 내용이 있다. '언제나'라는 말 대신에 '자주', '종종'이라는 표현을 쓰는 점에 중요한 의미를 둘 필요가 있다. ADHD 진단을 받은 사람은 가만히 앉아 있거나 조용히 있는 것을 절대 못한다고 생각해서는 안 된다. 실제로 이런 사람도 비디오 게임이나 아주 어려운 책에 깊이 몰두하기도 한다.

누구나 지루한 문학 작품을 읽거나 아주 긴 영화를 보면서 그저 가만히 앉아만 있기란 힘든 일이다. 그러나 ADHD-HI(과잉행동-충동 우세형) 또는 ADHD-C(혼합형) 증상을 보이는 사람은 다른 이들보다 그 상황을 견디기가 더 힘들 뿐이다. 예를 들어 보통 사람이 10~15분 정도 가만히 앉아 있을 수 있는 상황이라면 ADHD-HI(과잉행동-충동 우세형) 증상을 보이는 이들은 1~2분 정도만 견딜 수 있다.

충동성의 측면에서 보자. 술을 먹었거나 피로한 경우 하지 말았어야 하는 말을 내뱉고 후회하는 일은 모든 이들에게 때때로 있다. 이것은 지극히 자연스러운 일이나 ADHD 증상의 사람은 다른 사람보다 생각 없이 이야기하는 일이 좀 더 자주 생긴다.

즉 ADHD를 정의하는 데 있어서의 핵심은 행동 그 자체가 아니라 행동의 빈도이며 개인의 생활에 어느 정도 이상의 지장을 줄 만큼 자주 일어나야만 한다. 어떤 의미에서 우리 모두는 가끔씩 ADHD 증상을 보이므로 ADHD를 구분하는 기준은 이러한 증상이 얼마나 자주 일어나는지, 그리고 생활에 얼마나 영향을 미치는지 하는 것이다.

발달 수준 ADHD를 정의할 때 개인의 발달 수준 역시 고려되어야 한다. 당신은 파티에 참석 중이고 친구 하나가 당신이 말하려고 하거나 질문에 답하려는 매 순간 끼어든다고 가정해 보자. 게다가 그 친구는 쓸데없이 당신을 툭툭 치고 별로 중요하지도 않은 말을 계속해서 떠들어 대고 있다. 한편, 당신이 가족 모임에 참석 중일 때 사촌 하나가 앞의 친구처럼 행동한다면 그 친구와 사촌은 같은 문제가 있다고 보아야 할까? 친구는 20대 청년이고 사촌은 세 살 난 어린 아동이라면? 물론 아니다!

어른과 아동에 대한 사회적 기대 수준은 다르다. 세 살 난 어린이는 끼어들 수도 있고 부적절한 행동을 보일 수도 있다. 반면에 어른은 자신의 행동을 제어할 수 있어야 한다. 즉 나이와 상황에 전형적인 모습을 보이지 못할 때 ADHD라고 진단을 내릴 수 있는 것이다. 위의 경우에서 사촌이 다른 세 살짜리 아동과 다른 점이 있다면, 또는 친구가 다른 20대들과 다른 행동을 보인다면 각각 ADHD를 고려해 볼 만하다.

요약하면, ADHD에는 매우 다양한 유형이 있다. 게다가 이 장애의 이름과 범주는 끊임없이 변하고 있으므로 대중매체나 교육 현장에서 상당한 혼란이 야기되고 있다. 이 글에서는 네 가지 분류의 ADHD-I(부주의 우세형), ADHD-HI(과잉행동-충동 우세형), ADHD-C(혼합형), ADHD-

NOS(달리 분류되지 않는 유형)에 초점을 맞출 것이다. 각각의 분류는 다른 모습으로 명확히 구분되며 이에 따른 적절한 교육 프로그램을 개발하는 당신의 능력이 학생의 인생을 성공으로 이끄는 중요한 역할을 하게 될 것이다.

ADHD의 원인은 무엇인가?

다음으로 가질 수 있는 질문은 "ADHD의 원인은 무엇인가?" 또는 "왜 내 아이가 이런 증상을 보이는가?"이다. 불행하게도 이러한 질문에 답변을 한다는 것은 다음 두 가지 이유로 약간의 문제가 있다.

지난 10년 동안 ADHD의 정의는 꾸준히 변해 왔다. ADHD처럼 모호한 문제를 명백하고 타당한 근거를 제시하면서 연구하기란 쉬운 일이 아니다. 둘째로, ADHD의 원인은 한 가지가 아니다. 예를 들어 ADHD 학생이 교실에 4~5명이 있다면, 그 증상의 원인은 모두 다르면서 복합적이다. 이러한 원인은 크게 비유전적 요인과 유전적 요인으로 나뉠 수 있다.

ADHD의 비유전적 요인

양육방식, 사회경제적 상황, 그리고 가족 구조 등이 ADHD의 비유전적 요인이 될 수 있다. 많은 연구에서 ADHD 증상이 없는 아동의 부모는 ADHD 아동의 부모와 그 훈육 방법이 다름을 보여 주고 있다(Barkley, 1990; Barkley, Karlsson, and Pollard, 1985; Cunningham and

Barkley, 1978). 하지만 이 연구는 훈육 방법의 차이는 가정 내 ADHD 아동이 있느냐 없느냐에 기인한 것이지 훈육 방법 자체가 장애의 원인이 되는 것은 아니라는 결론을 내리고 있다. 그럼에도 불구하고 부모의 훈육 방법은 의심할 여지없이 아동의 행동에 영향을 미친다.

양육 방식과 더불어 ADHD는 무산소증과 같은 태아기 또는 분만 전후의 상황과도 관련이 있다(Barkley, DuPaul, and McMurray, 1990; Sprich-Buckminster et al., 1993). 임신 9주 이후의 태아가 충분한 산소를 공급받지 못하면 심장 박동 조절과 주의력에 문제가 생김은 물론 ADHD 징후를 보일 수 있다. 이는 많은 사람이 뇌의 손상과 ADHD 간에 상당한 연관성이 있다고 믿는 이유이기도 하다.

또한 ADHD는 아동의 알레르기나 식습관에서 유래된다고 여겨지기도 하는데 이 주장을 뒷받침할 충분한 연구는 아직까지 없다(Conners, 1980; McGee, Stanton, and Sears, 1993). 사실 아동이 엄청나게 많은 설탕이나 카페인을 섭취한다면 하루 종일 과잉행동을 보일 수도 있으나 그 정도의 섭취 후엔 아마 아동이 병이 나고 말 것이다. 또한 땅콩과 같은 특정 음식을 먹고 난 후에 과잉행동을 보인다면 그 음식을 계속 조심하게 될 것이므로 땅콩을 일부러 먹지 않는 이상 ADHD로 진단되기는 힘들 것이다.

ADHD의 유전적 요인

유전적 특징 역시 ADHD의 중요한 지표로 사용된다. 쌍둥이의 경우를 포함한 여러 연구가 ADHD가 유전적 성향을 강하게 보임을 서술하고 있다

(Gilger, Pennington, and Defries, 1992; Goodman and Stevenson, 1989; Heffron, Martin, and Welsh, 1984). 실제로 ADHD 아동의 20~30퍼센트가 장애를 지닌 가족이 있는 것으로 추정된다(Biederman et al., 1986; Biederman et al., 1991; Frick et al., 1991).

ADHD의 유전적 발병 요인은 여전히 미스터리이나 의학이 발전함에 따라 두뇌의 구조적 또는 형태학상 이상이 ADHD의 주 원인이 될 수 있다는 견해를 뒷받침할 증거가 계속 나오고 있다. 이러한 증거들은 양자방사단층촬영법(positron emission tomographic, PET)과 자기공명단층촬영법(magnetic resonance imaging, MRI)을 사용하여 ADHD 증상을 보이는 아동과 그렇지 않은 아동의 뇌 구조를 비교해 봄으로써 얻어 낸 것이며(Mann et al., 1992), 두 집단의 차이는 전두엽과 뇌관 부분에서 나타나고 있다(Amen, Paldi, and Thisted, 1993; Hynd et al., 1993; Hynd, Hern, Voeller, and Marshall, 1991; Zametkin et al., 1990). 하지만 이러한 뇌 구조의 이상이 인간의 행동에 어떠한 영향을 미치는지, 그리고 ADHD 증상을 어떻게 일으키는지는 아직 알려지지 않고 있다.

ADHD에서 벗어나기

ADHD에 대해 또 가능한 질문은 "내 아동이 ADHD에서 벗어날 수 있는가?" 하는 것이다. 한때 ADHD는 시간이 지남에 따라 사라진다고 생각되었으나 최근의 연구는 그렇지 않다는 것을 보여 주고 있다(Fischer et al., 1993). 그러나 ADHD 증상을 가지고 있는 성인들은 교실이라는 구조적 한계를 벗어나면 자신에게 더 적합한 환경을 스스로 찾아내기도 한다. 예를 들어 가만히 앉아 있지 못하고 집중력에 문제가 있는 ADHD 학생이 졸업 후에 운동선수나 선생님, 기술자처럼 가만히 앉아 있을 필요가 없는 직업을 택하게 된다면 ADHD에 관련된 이전의 문제점들이 보이지 않게 되면서 마치 ADHD에서 '벗어난' 것처럼 보이게 된다.

요약하면, 실제로 ADHD의 원인이 무엇인지는 아무도 모른다는 것이다. 최근의 이론들이 ADHD는 평생 질병이며 뇌 구조 이상에 의한 유전적 요인이 주된 원인이라고 말하고 있는데, 이는 ADHD 증상을 보이는 사람의 두뇌가 반드시 손상되었다거나 ADHD 아동의 부모가 아동의 상태에 죄책감을 느껴야 한다는 의미는 아니다. 계속 이야기하겠지만 ADHD는 올바른 방법으로 접근한다면 충분히 재능으로 보일 수 있다. 사실 ADHD의 개인이 가지고 있는 에너지와 창의력에 견줄 만한 '정상적인' 사람은 거의 없다. ADHD 아동의 에너지 활용을 돕고 그들의 능력을 극대화하는 것을 돕는 것이 바로 교사와 부모가 해야 하는 일이다.

ADHD의 진단 방법은 무엇인가?

"만일 내 학생 또는 내 자녀 중 하나가 ADHD 증상을 보인다면 무엇을 해야 하는가?"라는 질문에 대한 첫 번째 대답은 정보를 수집하라는 것이다. 그리고 정보 수집의 가장 좋은 출발점은 DSM-IV의 내용을 참고하는 것이다. 당신의 학생이나 자녀의 상태가 DSM의 범주에 해당되는가? 만일 당신의 대답이 '그렇다'라 할지라도 거기서 멈추어서는 안 된다.

행동척도

학교와 집, 그리고 다른 여러 장소에서 아동의 행동을 판단할 수 있는 다양한 평가 척도를 적용해 보아야 한다. 교사, 조교, 부모, 그리고 가족 구성원들 모두에게 유용한 평가 척도는 다음과 같다.

- ADD-H: Comprehensive Teacher Rating Scale(ACTeRS)(Ullmann, Slator, and Sprague, 1991)
- ADHD Rating Scale(DuPaul, 1991)
- Attention Deficit Disorder Evaluation Scale-School Version (ADDES)(McCarney, 1989)
- Attention-Deficit/Hyperactivity Disorder Test(Gilliam, 1995)
- Behavior Assessment System for Children-Teacher Rating Scales (BASC-TRS)(Reynolds and Kamphaus, 1992)
- Child Behavior Checklist-Teacher's Report Form(CBCL-TRF) (Achenbach, 1991)
- Conners Teacher Rating Scales(CTRS)(Conners, 1989)
- Devereux Behavior Rating Scale-School Form(DBRS-SF)(Naglieri, LeBuffe, and Pfeiffer, 1994)

학생, 가족, 친구들과의 면담

학생을 관찰하고 여러 평가 척도를 적용해 보는 것 외에도 해당 학생과 가족들 그리고 친구들과 면담을 해 보아야 한다. 이들이 이야기하는 아동의 행동에 대한 견해로부터 앞으로 나타날 수 있는 여러 잠재 가능성을 예측할 수 있기 때문이다.

기록의 재검토

또한 학생에 대한 기록을 검토하고 의학 검사, 적성 검사, 그리고 지능 검사 등의 종합 테스트를 실시해 보는 것도 필요하다. 이러한 검사로부터 학생의 행동을 설명해 줄 수 있는 여러 요인을 찾아내면 ADHD의 판단 기준에서 제외될 수도 있기 때문이다. 예를 들면, 청력이 좋지 않아 집중력에 문제가 있는 학생은 ADHD라고 말할 수 없다. 나아가 학생의 과거 학습 결과를 살펴보면 학생의 현재 상태가 최근에 나타난 것인지 아니면 과거부터 지속된 것인지의 판단이 가능하다.

임상 평가

마지막으로 여러 임상 평가 방법이 있다. '연속 수행 평가(continuous performance test, CPT)'는 컴퓨터 화면 앞에 학생을 앉혀 놓고 깜박거리는 글자들을 보여 주면서 특정한 글자가 나오면 스페이스 바 같은 지정된 자판을 누르게 한다. 이 과정을 통해 학생이 자판을 잘못 누르는 횟수와 자판 누르는 것을 '잊어버리는' 횟수를 기록하여 주의 집중력을 평가하게 된다.

다른 임상 평가로는 신경 정신과적 방법이 있다. 신경 정신과 의사는 학생의 두뇌에 외상이 있는지 보기 위해 EEG, MRI 또는 CAT와 같은 의학적 테스트를 실시한다.

데이터의 해석

다양한 정보가 모두 수집되면 그 정보를 해석하는 일이 가장 중요하다. 이는 교사, 가족, 학생, 의사, 학교 임상 심리사 그리고 그 밖의 모든 이들이 수집된 정보에 대해 명확히 알아야 한다는 것을 의미한다. 어떤 경우에는 학생에게 ADHD 증상이 있음을 확신할 수도 있지만 대부분의 경우에 확실한 진단을 내리기는 쉽지 않다. 학생의 행동을 완전히 이해했을 때 효과적인 교육 프로그램 등을 개발할 수 있으므로 학생의 문화적 배경도 반드시 고려되어야 한다.

문화적 다양성과 ADHD

모든 사람은 각자 다른 학습 방법을 가지고 있다. 어떤 이들은 청각을, 또 어떤 이들은 시각을 주로 이용한다. 이는 단순한 개인차뿐만 아니라 문화적 배경 차이에서도 기인한다.

예를 들어 당신이 이야기하는 동안 당신을 한번도 쳐다보지 않는 학생이 있다고 하자. 당신은 어떤 생각이 들겠는가? 학생에게 집중하라고 이야기해야 하는가? 그럼, 당신을 쳐다보고는 있지만 그저 가만히 앉아서 한마디도 하지 않고 눈만 깜박이는 학생은 어떠한가? 이 학생은 약에 취한 상태라고 생각하겠는가? 앉아서 무엇인가를 해야 하는 시간에 계속해서 떠들고 움직이는 학생은 어떠한가? 이 학생은 ADHD-HI(과잉행동-충동 우세형) 증상을 보인다고 확언할 수 있을까?

위에서 언급된 각각의 행동은 장애나 약물 남용, 문화적 훈육의 결과라 볼 수 있다. 당신을 쳐다보지 않는 학생은 ADHD-I(부주의 우세형) 증상을 보인다고 할 수도 있지만 아프리카계 미국인일 수도 있는 것이다. 아프리카계 미국인은 앵글로색슨계 미국인과 달리 화자(speaker)와 멀리 떨어지려는 경향이 있다. 이는 집중력의 문제가 있다고 보기보다 자신의 문화로부터 습득한 대로 행동한다고 볼 수 있다(Sue and Sue, 1990).

눈만 깜박이며 당신을 쳐다보는 학생의 경우, 약물 중독이거나 ADHD-I(부주의 우세형) 증상일 수 있다. 하지만 미국 원주민일 수 있다. 원주민의 문화에서는 선생님이나 어른에게 존경을 표시하는 의미로 계속 눈을 맞추고 깜박인다. 눈을 깜박이는 행동은 앵글로색슨계 문화에서 화자의 말에 동의를 표하는 의미로 고개를 계속 끄덕이는 것과 매우 유사하다(Sue and Sue, 1990).

수다스럽고 가만히 있지 못하는 학생은 그 행동이 ADHD-HI(과잉행동-충동 우세형)의 전형을 보여 주고 있지만 이 역시 문화와 관련된 행동일 수 있다. 라틴계 학생, 특히 푸에르토리코에서 온 학생은 앵글로색슨계의 학생보다 말을 많이 하고 몸동작도 크다(Bauermeister, 1995). 한 연구에서는 백인 교사가 푸에르토리코 학생의 4분의 1이 ADHD 증상이 있는 것으로 잘못 진단했음을 보여 주고 있다(Williams, Lerner, Wigal, and Swanson, 1995).

최종 결론은, 한 학생을 ADHD로 진단하기 전에 그 학생의 문화적인 배경에 대한 이해가 필요하다는 것이다. 그러나 문화가 피부색에 의해 결정되는 점이 아니라는 것도 명심해야 한다. 문화는 사회경제적 상황, 종교, 성별 등 여러 요인의 영향을 받기 때문이다. ADHD에 대한 오진은 매우 흔하다. 문화에 대한 주의 깊은 이해가 학생에게 필요한 교육 프로그램을 제공하는 데 큰 도움이 될 것이다.

ADHD를 어떻게 치료할 것인가?

ADHD의 치료는 그 병리학적 의미보다도 아동의 미래에 중요한 영향을 미치는 교사나 부모에게 더 중요한 의미를 갖는다. 효과적인 치료 방법으로는 약물 요법, 인지행동 수정, 조절, 부모 교육 등의 네 가지가 대표적이며(Anastopoulos et al., 1993), 위 네 가지 방법을 조화시켜 다각도로 적용하는 것이 최선이다.

이 책의 나머지에서는 다양한 연령대의 ADHD 학생에게 학교나 가정에서 적용할 수 있는 여러 치료 방법과 성공적인 치료를 위해 그 과정을 분석하는 방법에 대해 이야기할 것이다.

약물치료

대부분의 ADHD 치료에는 메틸페니데이트(Ritalin), 덱스로암페타민(Dexedrine), 그리고 페몰린(Cylert) 등과 같은 흥분제가 사용된다. 암페타민과 같은 '각성제'는 사람을 더욱 활동적으로 만들기 때문에 ADHD 치료에 이러한 흥분제를 사용한다는 것은 매우 놀라운 일이다. 그러나 더 많은 활동성이 ADHD 아동을 극단적으로 만들 수 있다는 생각과는 달리 흥분제는 아동의 과잉행동과 충동성을 경감시키고 주의력을 향상시키는 것으로 알려져 왔다. 또한 공격적인 행동을 줄어들게 하여(Hinshaw et al., 1998) 지시 사항에 고분고분 따르게 하는 데도 효과가 있다(Barkley et al., 1989).

모든 약물치료에서 그렇듯이 흥분제 사용에도 부작용은 있다. 30퍼센트 정도의 학생은 '반발 효과(rebound effect)'를 경험하게 되는데 이는 약물 사용을 줄이게 되면 약물 사용 이전의 상태보다 더 악화됨을 의미한다(DuPaul, Barkley, and McMurray, 1991). 또한 우울증, 두통, 식욕저하, 체중감소, 위경련, 반항 등의 증상이 나타나기도 하며(Fine and

Johnston, 1993) 약물의 장기 복용은 성장 장애를 유발하기도 한다(Roche et al., 1979). 따라서 대부분의 ADHD 아동은 여름 방학 동안 약물을 복용하지 않는다. 이 휴식 기간에 아동의 육체는 화학 물질로부터 잠시나마 해방되어 약물에 내성이 생기는 것을 방지할 수 있다.

ADHD가 있는 아동 중 3분의 1 정도가 흥분제에 잘 반응하지 않는데(Biederman et al., 1989) 이러한 아동에게는 대부분 Tofranil(이미프라민)과 Norpramin(데시프라민) 같은 우울증 치료제를 사용하고 있다. 이러한 약물은 ADHD와 우울증, 불안 장애의 증상을 함께 보이는 이들에게 사용되는데 혈압 상승, 신장과 심장의 손상 등 더 많은 그리고 심각한 부작용이 야기될 수 있다(DuPaul and Stoner, 1994). 표 1.2에는 ADHD 치료에 사용되는 약물과 그 장단점에 대해 서술되어 있다.

위와 같은 부작용 이외에도 약물의 과다 복용과 오용은 또 다른 여러 문제점을 가지고 있다. 약물치료가 활동성을 줄이고 주의력을 향상시킨다 하더라도 약물 자체가 학생에게 사회성까지 가르쳐 줄 수는 없는 것이다. 또한 약물치료 이전에 습득하지 못한 지식을 약물로 알 수 있는 것은 아니다.

여기서 "학생의 약물치료를 위해 해야 할 일은 무엇인가?" 하는 의문을 가질 수 있다. 즉 적절한 약물을 제공했는지, 약물에 대한 학생의 반응에 어떻게 대처할 것인지, 약물치료의 효과가 없는 학생에게는 어떤 조치를 취해야 하는 것인지 하는 것들이다. 사실 이러한 질문은 실제로 약물이 사용되고 있을 경우에만 제기될 수 있는 의문들이다.

일반적으로 간호사나 학교 관계자들은 학생이 필요한 경우 학교에 있는 시간에 약을 복용하게끔 한다. 이때 교사나 부모의 역할은 학생의 행동

표 1.2	ADHD에 사용되는 약물과 예상되는 부작용		
제품명(통칭) 약물의 형태	장점	단점	주
Catapress (클로니딘) 혈압 강하 패치와 정제	패치의 경우 5~6일 정도 지속되며 부작용이 거의 없음	패치는 비싸고 정제의 경우 지속 시간이 4시간에 불과함	반항적인 행동에 효과적이며 성대 경련을 보이는 뚜렛 증상에 사용될 수 있음
Cylert (페몰린) 신경흥분 정제	8시간 지속되며 과잉행동을 감소시킴	복용 후 3~4시간 후에 효과가 나타남. 간의 이상, 뇌일혈, 환각증상을 보일 수 있음	6개월마다 혈액 검사가 필요
Dexedrine (덱스트로암페타민) 신경흥분 정제	효과가 빠르고(1시간 이내) 과잉행동을 감소시킴	지속 시간이 짧고 다량 복용 시 우울증 또는 피로감을 느낄 수 있음	6세 이하의 어린 아동에게는 권장되지 않음
Lithium (에스칼리스) 항 우울증 정제	조증, 우울증 감소	12세 이하의 아동에게는 투여할 수 없으며 탈수, 설사 등의 증상을 유발	6개월마다 혈액 검사가 필요하며 시간이 지남에 따라 부작용이 점점 줄어듦
Norpramin and Tofranil (이미프라민, 데스피프라민) 항 우울증 정제	24시간 지속되며 우울증과 기분장애 개선	효과를 보는 데 4주 정도 걸리며 불안감과 불면증의 증상을 보일 수 있음	의사의 관찰이 반드시 필요하며 흥분제가 효과 없을 시에 사용. 학생의 경우 약물 복용 여부가 제3자에 의해 관찰되고 통제되어야 함
Ritalin (메틸페니데이트) 신경흥분 정제	30분 안에 효과가 나타나며 응급용 정제의 경우 8시간까지 지속됨	보통의 정제는 4시간 정도만 지속되며 틱이나 불면증, 신경과민 증상을 보일 수 있음	매우 대중적임

표 1.2 ADHD에 사용되는 약물과 예상되는 부작용 (계속)

제품명(통칭) 약물의 형태	장점	단점	주
Wellbutrin (부프로피온) 아미노케톤계 정제	과잉행동, 불안감과 공격성 감소	불면증, 두통, 위장 장애, 뇌일혈이 생길 수 있음	어른의 감독하에 사용

출처 : Bender, W. N. *Understanding ADHD: A Practical Guide for Teachers and Parents.* (Upper Saddle River, N. J.: Merrill/Prentice Hall, 1997).; Dowdy, C. A., J. R. Patton, T. E. C. Smith, and E. A. Polloway. *Attention-Deficit/Hyperactivity Disorder in the Classroom.* (Austin, Tex.: PRO-ED, 1998).; Lerner, J. W., B. Lowenthal, and S. R. Lerner. *Attention Deficit Disorders: Assessment and Teaching.* (Pacific Grove, Calif.: Brooks/Cole, 1995).

과 학습 과정에 약물이 미치는 영향을 관찰하는 것이다. 이는 두 가지 의미에서 중요한데 첫째, 앞에서 언급했듯이 약물 복용은 여러 부작용을 일으킬 수 있으며 이 중 일부는 심각한 수준에 이를 수 있다는 것이다. 이러한 부작용이 심각해지기 전에 학생의 상태를 올바로 파악하기 위해 학생이 복용하고 있는 약은 무엇인지 부작용은 어떠한 형태로 나타나는지에 대해 잘 알아 두어야 한다.

둘째, 교사나 부모는 의사가 약물치료 여부와 약물의 투여량을 결정하는 데 도움을 주어야 한다. 이를 위해서는 약물치료 전후의 학생 행동을 비교, 평가하고 바람직한 행동과 실제 행동의 차이점을 찾아낼 수 있어야 한다. 이러한 방법으로 현재의 약물 복용 수준이 학생에게 적절한가를 알 수 있다.

행동-인지 수정

약물치료는 행동-인지 수정과 연계되어 적용될 때 가장 효과적이다(Barkley, 1995). 행동-인지 수정은 학생에게 자기 통제와 자기 점검의 방법을 가르치는 데 초점을 두며 부적절한 행동에 대한 대안을 스스로 찾을 수 있는 방법을 제시한다. 예를 들어, ADHD 아동이 과제를 완성하거나 친구들과 잘 지냈을 경우 칭찬과 보상을 해 주는 토큰 강화 기법이 있다.

조정 치료

약물치료나 행동-인지 수정으로 해결할 수 없는 문제점을 가진 학생에게는 조정 치료(accommodations)가 도움이 된다. 수학에서 낙제한 학생을 예로 들어 보자. 이 학생은 처음 몇 문제는 잘 풀었으나 그 다음부터 정신이 산만해지면서 나머지 문제들에서 실수를 저지르게 되었다. 이러한 학생에게는 한 번에 3~4개의 수학 문제만 풀게 한 다음 잠시 영어 문제를 풀게 하고 다시 수학 문제를 풀게 하면 한 과목을 망치는 것을 막을 수 있다.

부모 교육

마지막으로, 아동의 가장 좋은 선생님은 부모라는 점이다. 불행하게도 부모가 ADHD에 대해 무지하여 자녀를 교육하고 훈육할 적절한 지식을 갖추지 못한 경우가 종종 있다. ADHD를 재능으로 바꾸기 위해서는 아동의 상태와 아동의 행동을 개선시킬 수 있는 방법에 대해서 가족 구성원 모두가 알고 있어야 한다. 다음 장에서는 이러한 노력에는 어떠한 것들이 있는지 알아보기로 한다.

ADHD와 관련된 다른 질환에는 어떤 것들이 있는가?

ADHD 학생을 위한 효과적인 교육 프로그램을 개발하고 적용하기 위해서는 ADHD뿐만 아니라 관련된 다른 질환에 대해서도 잘 알아 둘 필요가 있다. 한 연구에서는 ADHD 아동 중 25~65퍼센트 정도가 적대적 반항장애(oppositional-defiant disorder, ODD)와 공격적 성향을 가지고 있음을 보이고 있다(Barkley, DuPaul, and McMurray, 1990; DuPaul and Stoner, 1994; McGee et al., 1991). 이러한 점을 염두하고, "자리에 앉아라", "숙제를 제출해라", "다음 문제를 풀어라"와 같은 지시 사항에 의도적으로 따르지 않는 학생을 어떻게 다루어야 할지 생각해 보자.

학생을 다루는 방법을 결정하기 전에 먼저 ADHD 증상으로 인한 산만함으로 지시 사항에 따르지 못하는 것인지, 아니면 ODD 증상으로 교사나 부모에게 반항하고 그들을 방해하기 위해 지시 사항을 따르지 않는 것인지를 살펴보아야 한다. 학생 행동의 진정한 원인 파악이 올바른 교육 방법을 제시할 것이며 그렇지 못할 경우 학생의 문제점 수정은 물론 효과적인 교육에 실패하게 될 것이다.

ODD 외에도 ADHD 아동 중 30~50퍼센트가 학습장애를 보이고 있다

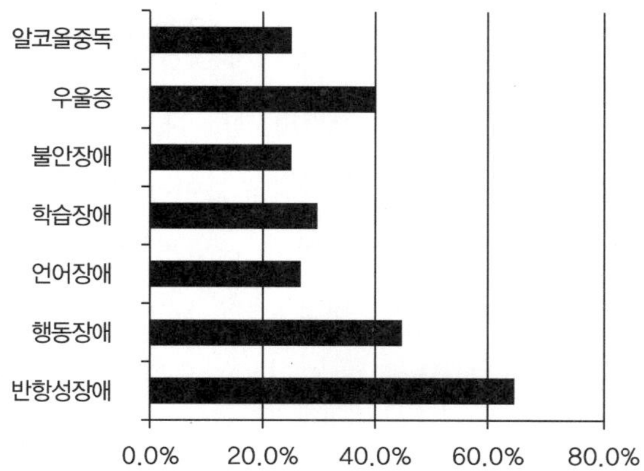

그림 1.3 ADHD에 동반되는 여러 질환의 비율

출처 : Bender, W. N. *Understanding ADHD: A Practice Guide for Teachers and Parents*. (Upper Saddle River, NJ.: Merrill/Prentice Hall, 1997). Dowdy, C. A., J. R. Patton, T. E. C. Smith, and E. A. Polloway. *Attention-Deficit/Hyperactivity Disorder in the Classroom* (Austin, Tex.: PRO-ED, 1998).

(Barkley, DuPaul, and McMurray, 1990; DuPaul and Stoner, 1994; Fletcher, Shaywitz, and Shaywitz, 1994; McGee et al., 1991). ODD와 마찬가지로 학습장애 역시 교육 프로그램을 구성하고 학생의 필요와 능력을 파악하는 데 어려움을 더하는 요소이다(그림 1.3). 학습장애와 ADHD는 그 증상이 매우 유사하여 두 가지를 구별하기가 결코 쉽지 않으므로 학생의 성향을 분석하여 최적의 교육 방법과 정보를 제공하는 것이 가장 중요한 일이라 하겠다.

앞에서 예로 들었던 두 학생을 생각해 보자. 한 학생은 우울증이 있었고 또 한 학생은 ADHD-I(부주의 우세형) 증상을 보였다. 우울증은 특히 ADHD-I(부주의 우세형) 증상을 보이는 어른이나 아동에게 흔히 동반되는 질환이다(Barkley, 1995). 우울증은 매우 심각한 문제이다. 만약 아동이 여러 날에 걸쳐 긍정적인 태도를 보이지 않거나 감정의 변화가 있다면 즉시 도움을 주어야 한다. 학교 간호사, 상담사, 심리학자들과 이야기를 나누는 등 우울증에 대해서는 많은 관심을 보여야 한다.

ADHD 증상이 있는 사람은 수면장애, 야뇨증, 약물 남용의 위험이 있

우울증 학생의 식별

ADHD 증상이 있는 학생에게 가장 흔히 동반되는 질환이 우울증이다. DSM-IV에 따르면 다음 증상 중 네 가지 이상이 2주 이상 반복적으로 나타나면 우울증으로 본다.

1. 거의 모든 활동에 흥미나 재미를 잃는다.
2. 식욕부진으로 체중이 준다.
3. 힘이 없다.
4. 죽음이나 자살에 대해 생각한다.
5. 무기력감이나 불안감을 느낀다.
6. 불면증 또는 수면 과다증에 시달린다.
7. 자기 자신이 가치가 없다고 느끼거나 과도한 죄의식을 갖는다.
8. 생각하거나 집중할 수 있는 능력이 사라진다.
9. 비애감과 공허감을 느낀다.

만약 이러한 범주에 근접한 학생이 있다면 최대한 빨리 도와주어야 한다. 수주간 우울증 증상을 보이다가 갑자기 호전된 학생에게도 특별한 관심을 기울여야 하는데 이러한 갑작스러운 감정의 회복이나 주변 정리는 자살의 신호 중 하나이기 때문이다. 감정 상태에 의심이 가는 학생이 있다면 심리학자나 상담사에게 즉시 연락을 취해야 유감스러운 사태가 생기는 것을 막을 수 있다.

으며(Conners and Wells, 1986), 지나치게 도박에 빠져 들거나 쇼핑 중독, 일 중독을 보이기도 한다(Wender, 1987). 따라서 조기에 적절한 조치를 취해 학생이 이러한 폐해에 빠져 들지 않도록 하는 것이 중요하다(수면장애에 대한 내용은 아래를 참조하고, 약물 남용에 대한 내용은 제7장에서 언급하기로 한다).

수면장애 학생 돕기

ADHD 학생은 우울증과 더불어 수면장애에 시달릴 수 있다. 이는 특히 충분한 휴식이 어려운 과잉행동장애 아동에게 흔히 나타난다. 과잉행동장애 아동은 침대에 누워 있을 때에도 손가락을 계속 튕기고 다리를 들썩인다. 즉 하루를 마감하면서도 자신의 마음 상태를 '정리'할 수 없는 것이다. 결과적으로 수면시간이 부족하게 되고 이는 다음날 집중력 저하로 이어지게 된다. 수면장애 학생을 도울 수 있는 방법은 다음과 같다.

- 잠들기 전 6시간 이내의 규칙적인 운동을 한다.
- 단단한 매트리스, 부드러운 담요 등 침구에 변화를 주도록 한다.
- 소음과 빛은 최소한으로 한다. 그러나 수면에 도움이 되는 부드러운 '배경음악'은 무관하다.
- 시계를 숨긴다. 학생에게 늦은 시간임에도 잠들지 못하고 있음을 일깨워 줄 필요는 없으므로 침대 밑이나 서랍 안에 넣어 둔다.
- 주말에도 취침과 기상 시간을 일정하게 한다.
- 낮잠을 자지 못하게 한다.
- 호흡법 등을 이용하여 신체가 수면상태에 쉽게 빠질 수 있도록 한다.
- 취침 3시간 이내에는 먹거나 마시지 않는다.
- 피곤할 때만 잠자리에 들게 한다.
- 침대에 누운 후 20분이 지나서도 잠들지 못하면 일어나서 TV를 보거나 독서를 하게 한다. 피곤해지면 다시 잠자리에 들도록 한다.

- 침대 안에서는 자는 것 외에 다른 일들(TV 보기, 공부, 음식 섭취 등)은 하지 않도록 한다.
- 의사의 승인 없이 ADHD 치료 약물과 수면제를 함께 복용하지 않는다.

출처 : Bowles, W. V., and C. G. Wirth, *Insomnia Plus…: The Answer to Sleeplessness.* (Tulsa, Okla.: Temple Treasures, 1990).; DiGeronimo, T. F. *Insomnia: Fifty Essential Things to Do.* (New York: Plume, 1997).; Dunkell, S. *Goodbye Insomnia, Hello Sleep.* (New York: Carol Publishing, 1994).; Hauri, P., and S. Linde. *No More Sleepless Nights.* (New York: John Wiley, 1996).; Morin, C. M. *Relief from Insomnia: Getting the Sleep of Your Dreams.* (New York: Doubleday, 1996).

ADHD가 꼭 나쁜 것만은 아니다. 배우 Robin Williams처럼 ADHD임에도 불구하고 성공한 사람이 많다. 적절한 지원과 치료만 있다면 ADHD는 '초능력'이 될 수 있다. 많은 연구가 ADHD와 영재성 간에 유사점이 있음을 보여 주고 있다(Leal, Kearney, and Kearney, 1995; Webb and Latimer, 1993). 특수 교육을 받고 있는 학생을 바보라고 생각해서는 안 된다. ADHD나 학습장애, 행동장애를 가지고 있는 학생의 지능이 영재 IQ 범주에 들어가는 경우가 종종 있다. 이러한 학생의 학습을 도울 수 있다면 학문적으로 큰 도전이 될 것이다.

요약하면, ADHD를 진단하고 치료하는 일은 동반되는 여러 질환으로 인해 쉽지 않은 일이다. ADHD-I(부주의 우세형)를 가진 사람은 우울증에 시달리며 ADHD-HI(과잉행동-충동 우세형)를 보이는 사람은 적대적 반항장애나 행동장애로 고생한다. 그러나 이러한 점들에도 불구하고 ADHD 학생이 상당히 창의적이고 지능이 높다는 점에 주목할 필요가 있다. 이러한 학생을 돕기 위해 개개인의 필요와 장점을 분석하여 부수적인 장애를 극복할 수 있도록 최적의 교육 프로그램을 개발하는 일이 매우 중요하다.

ADHD의 주요 특징은 무엇인가?

ADHD 학생은 복잡한 양상을 보인다. 창의적이고 지능이 높은 반면, 학습 진행 시 실수가 많고 정신적으로 미숙하며 분위기에 쉽게 휩쓸린다. 게다가 우울증에서 적대적 반항장애에 이르는 다양한 질환을 함께 가지고 있다. 그러나 대부분의 ADHD 특징은 다음 네 가지로 분류할 수 있다.

- 부주의
- 충동성
- 과잉행동
- 사회 부적응

부주의

부주의는 여러 형태로 명확히 알 수 있다. 예를 들면 허공을 멍하게 응시하거나 물건을 제자리에 두지 않아 잃어버린다. 수학 문제를 풀 때 중요한 과정을 빠뜨려 틀리기도 하고 책상을 마구 어지럽히기도 한다. 숙제를 체계적으로 할 수 없으며 지시사항에 그대로 따르는 데 어려움이 있다.

충동성

충동성 또한 다른 문제점들을 야기한다. 아무 생각 없이 말하거나 행동하는 것은 위험할 수 있다. 만일 과학 실험 도중 한 학생이 화학물질의 맛이나 분젠 버너가 뜨거운지 아닌지에 대해 궁금해한다고 하자. 그 학생이 ADHD 학생이라면 머릿속에서 하지 말라고 이야기하기 전에 손을 데거나 유독성 화학물질을 삼키고 말 것이다.

과잉행동

과잉행동은 뛰고, 기어오르고, 던지고, 안절부절못하고, 수다스럽고, 물건을 분해하고, 가만히 앉아 있지 못하고, 계속 두리번거리고, 동시에 여러 다른 일들에 대해 생각하는 일련의 모든 행동을 포함한다. 이러한 과잉행동은 교사와 다른 학생을 방해할 뿐만 아니라 ADHD 학생 자신의 학습 기회를 사라지게 한다. 예를 들어 한 학생의 과잉행동이 교실 전체 분위기를 흐린다고 해 보자. 교사는 학생에게 당장 멈추지 않으면 타임아웃을 하겠다고 경고할 것이다. 하지만 이러한 조치는 학생의 과잉행동을 제지하는 데 아무 도움이 되지 않으며 학생에게서 학습의 기회를 박탈하는 것에 불과하게 된다.

사회 부적응

ADHD 학생은 종종 무례하고 심술궂고 사회적으로 미성숙한 것으로 묘

사된다. 그렇다고 ADHD 학생이 따돌림당해서는 안 된다. 흔히 이러한 학생은 친구들과 잘 지내는 데 필요한 기술들을 모르고 있다. 또한 충동적인 행동으로 다른 사람을 불쾌하게 하는 것이 친구를 사귀고 우정을 유지하는 데 큰 걸림돌이 된다.

위의 모든 행동들에는 상호 관련이 있다. 학생의 사회성이 부족한 이유 중 하나는 그들이 충동적이기 때문이며 집중력에 문제가 있는 이유는 과잉행동성이 있기 때문이다. 이러한 이유로 다각도에서 ADHD 학생을 지도해야 함은 아무리 강조해도 지나치지 않은 것이다.

이 글을 통해서 우리는 부주의, 충동성, 사회성 부족 등의 문제에 대처하는 방법에 대해 논의하게 될 것이며, 특히 환경과 교육방법, 그리고 학생의 역량을 고양시키는 방법에 대해 알아볼 것이다. 이러한 방법은 교실과 가정에서 그리고 다양한 연령대에 걸쳐 적용할 수 있다.

사례로의 적용

앞에 소개되었던 마크에 대해 다시 생각해 보도록 하자. 당신은 마크가 ADHD라고 생각하는가? 당신의 판단 근거는 무엇인가? 마크가 ADHD인지 아닌지에 대해 확신을 가질 수 있는가? 마크의 행동을 설명할 수 있는 다른 가능한 질환이 있는가? 만일 마크가 ADHD라면 어떤 유형에 속하겠는가? 마지막으로, 특수 교육 전문가로서 마크의 선생님을 어떻게 도울 것인가?

마크는 ADHD인가?

당신의 결론은 무엇인가? 마크가 ADHD 증상을 보인다고 생각하는가? 사례를 다시 한 번 살펴보기로 하자.

마크가 확실히 부주의, 충동성, 과잉행동과 같은 전형적인 ADHD 징후를 보인다고 해도 ADHD로 진단을 내려야 할지는 여전히 불확실하다. 무엇보다도 제공된 정보들은 모두 교실에서 보인 행동에 불과하며 이러한 행동들이 여러 다른 환경에서도 나타나야 ADHD로 진단 가능하기 때문이다.

둘째로 우리는 앞의 사례를 그저 마크의 선생님 입장에서만 보려고 했다. 선생님은 마크가 통제 불능이라고 생각할지 모르나 그의 친구들은 그의 행동에 대해 다르게 이야기할 수도 있다.

셋째, 앞의 사례 연구는 마크의 성적이 어떻게 '떨어지기 시작' 했는지에 대해서는 간과하고 있다. 성적이 떨어지는 것만으로는 ADHD를 결론지을 수 없지만 만일 마크가 ADHD라면 이는 12세가 되기 전까지는 중요한 징후로 여겨질 수 있다.

또한 정의에 의하면, ADHD로 진단하기 위해서는 마크의 행동이 그의 정상적인 생활에 막대한 영향을 미쳐야 하는데 앞의 정보만으로는 어느 정도인지 판단할 수가 없다. 결과적으로 마크를 ADHD로 진단하는 것은 아직 시기상조이다.

마크를 어떻게 진단할 것인가?

마크가 ADHD인지 아니면 보통 학생인지, 또는 정신질환 같은 또 다른 질환을 가지고 있는지 어떻게 알아낼 수 있을까? 방법은 여러 가지가 있다. 첫째, 교실, 집, 동네, 점심시간 등 여러 가지 환경에서 마크의 상태를 관찰해야 한다.

둘째, 많은 사람을 진단 과정에 참여시키도록 한다. 마크의 선생님이나 특수교사 말고 다른 사람의 마크에 대한 의견이 필요하다. 마크 자신과 가족, 그리고 친구들과 이야기를 나누어 보라. 그들이 뭐라고 이야기를 하는가? 누군가 또 다른 문제점을 파악하고 있지는 않는가? 각각의 사람마다 평가지를 만들어 비교해 보라. 어떤 패턴이 존재하는가?

셋째, 마크에 대한 정보를 재검토한다. 마크의 지난번 선생님도 비슷한 불만 사항을 가지고 있었는가? 마크의 성적이 하락하게 되는 어떤 특정 시점(예를 들면 봄방학 이전 같은)이 있는가?

마지막으로 마크가 신체적, 신경학적 검사를 받도록 하는 방법이 있다. 마크의 청력이 좋지 않다거나 최근 두뇌에 손상을 입은 일이 있다면 이로 인해 ADHD와 유사한 증상을 보일 수 있다.

마크의 행동을 설명할 수 있는 다른 가능성이 있는가?

ADHD 외에 마크의 행동을 설명할 수 있는 다른 원인이 있을까? 매우 제한적이기는 하나 그런 가능성은 충분히 있을 수 있다. 부주의하고 과잉행동을 보이는 모든 아동이 ADHD인 것은 아니다. 모든 가능성들을 연구해야 한다.

일부 가정에 불과하기는 하지만 마크는 학교생활에 흥미를 느끼지 못하거나 공부하기 싫어서 일부러 말썽을 부리는 것일 수도 있다. 선생님을 괴롭힐수록 수업 내용은 줄어들기 때문이다.

마크가 여학생에게 관심이 있지만 어떻게 표현해야 할지 몰라서 그런 것일 수도 있다. 생각해 보자. 마크가 자리에서 일어난 이유는 자신이 좋아하는 여학생 옆으로 가고 싶어서이고, 그 여학생에 대한 공상을 하느라고 수업에 집중할 수 없는 건지도 모른다. 또한 그 여학생이 마크에 대해 어떻게 생각하는지 알아내려고 다른 여학생을 괴롭힌 것일 수도 있다. 마크는 12세임을 기억하자. 당신도 마크의 나이에 똑같은 행동을 보였을 수 있다. 모든 이상 행동이 뇌 구조나 반사회적 감정에 기인하는 것은 아니다.

마크의 ADHD는 어떤 유형인가?

마크가 ADHD라 해 보자. 어떤 유형의 ADHD에 그가 속한다고 생각하는가? ADHD-I(부주의 우세형)? ADHD-HI(과잉행동-충동 우세형)? ADHD-C(혼합형)? 아니면 ADHD-NOS(달리 분류되지 않는 유형)?

정확히 말하기 어렵다면 마크의 증상을 다시 살펴보도록 하자. 선생님의 말에 따르면 마크는 주의력이 부족하고 물건을 잘 잃어버린다. 그렇다면 ADHD-I(부주의 우세형)로 진단할 수 있다.

그러나 마크의 선생님이 마크가 자리에서 자꾸 일어나고 말이 너무 많고 불쑥 끼어들기를 좋아한다고 말한다면? 그는 아마도 ADHD-HI(과잉행동-충동 우세형)일 것이다.

만일 마크가 ADHD-I(부주의 우세형)와 ADHD-HI(과잉행동-충동 우세형) 징후를 모두 보인다면 ADHD-C(혼합형)라고 진단 내릴 수 있으나 마크의 증상이 아주 미미하거나 어떤 범주 안에 정확히 맞아떨어지지 않는다면 ADHD-NOS(달리 분류되지 않는 유형)라고 이야기할 수 있을 것이다. 'ADHD-NOS(달리 분류되지 않는 유형)'는 ADHD에 근접하기는 하나 ADHD-I(부주의 우세형)나 ADHD-HI(과잉행동-충동 우세형), ADHD-C(혼합형) 중 하나로 분류하기에 그 증상이 명확하지 않은 경우를 이야기한다.

마크의 선생님을 어떻게 도울 것인가?

교사나 부모는 ADHD 학생을 지도할 수 있는 중요한 위치에 있다. 그럼 마크의 선생님에게 어떠한 도움을 줄 수 있을까?

선생님에게 마크가 괴롭히는 여학생과 마크를 멀리 떨어뜨려 놓으라고 할 수 있다. 선생님이 쉽게 다가갈 수 있도록 마크를 교실 앞쪽에 앉혀 놓을 수 있을 것이다. 만일 마크가 15분 이상 한자리에 앉아 있지 못한다면 그에게 잔심부름을 시키거나 학생에게 유인물을 나누어 주라고 시킬 수 있다. '준비물'이나 '내일까지 숙제 제출'이라는 메모를 써 준다면 마크에게 학교에 가져올 것이 있음을 일깨워 줄 수 있을 것이다.

이상은 교사에게 추천할 수 있는 몇 가지 방법에 불과하다. 이 글을 통해 당신은 사회성 개발이나 연령에 따른 교육 방법 등과 같은 특수 범주들과 그러한 교육이 학생에게 제대로 효과가 있는지 평가하는 것도 배우게 될 것이다.

CHAPTER 02

부주의의 개선 방법

이 장의 목표

이 장에서는 다음 질문에 답한다.

1. 부주의의 문제점은 무엇인가?
2. 환경이 부주의에 미치는 영향은 무엇인가?
3. 부주의에 효과적인 교수법에는 어떤 것들이 있는가?
4. 부주의를 개선할 수 있는 방법에는 어떤 것들이 있는가?

사례 연구 : 스테이시

제 학생 중에는 스테이시라는 정말 걱정스러운 아동이 있습니다. 14세이고 엄청나게 수줍음을 타는 학생이지요. 제 수업인 영어는 물론이고 거의 모든 과목에서 낙제입니다. 특히 수학 성적이 제일 끔찍하고 최근 무사히 수료한 과목이라고는 과학과 체육뿐입니다.

스테이시는 기어들어가는 목소리로 수업에 잘 나오지는 않지만 영어를 제일 좋아한다고 말한 적이 있습니다. 사실, 그 아동은 영어시간에 가장 중요한 읽고 쓰는 것에 관심이 거의 없고 열심히 하지 않기 때문에 영어를 좋아한다는 말은 저에게 매우 놀라운 사실이었습니다. 또한 제가 수업을 할 때 스테이시는 창문이나 칠판을 멍하게 바라보고 있고 질문을 하면 좀처럼 대답하려 하지 않지요. 생각할 시간을 좀 더 주면 결국 요점에 맞지 않거나 두서없는 문장들을 늘어놓을 뿐입니다. 게다가 숙제 제출 기한이 다가오고 있음을 아무리 상기시켜도 숙제나 책을 두고 오는 일이 허다합니다.

제일 큰 문제는 학급 아동이 스테이시를 대하는 태도입니다. 아동은 그 아동을 못살게 굴면서 '바보', '텅텅 빈(Spacey) 스테이시' 라고 부르지요. 스테이시가 친구들과 사이좋게 노는 것을 한번도 본 적이 없습니다. 유감스럽게도 스테이시는 친한 친구가 한 명도 없습니다.

그런데 스테이시는 지능 검사나 적성 검사상으로는 보통 아동과 비슷합니다. 게다가 유복한 가정에서 자랐으며 식구들 모두 스테이시에게 관심을 가지고 대합니다. 식구들 역시 스테이시가 학교에서뿐만 아니라 집에서도 '이상하게' 행동함을 걱정하고 있습니다. 스테이시에게 무슨 문제가 있는 것인지 저도, 식구들도 알지 못하고 있습니다. 하지만 분명한 것은 뭔가 대책이 세워지지 않으면 그 아동이 유급하고 말 것이라는 겁니다.

● 사례연구에 대한 질문

1. 스테이시가 ADHD라고 생각하는가? 설명하라.
2. ADHD가 아니라면 스테이시의 행동을 설명할 수 있는 다른 원인에는 어떤 것이 있는가?

3. 스테이시의 주의력을 향상시키려면 주변 환경을 어떻게 개선하면 되겠는가?
4. 스테이시의 주의력 향상을 위해 교사에게 어떤 교육 방법을 제시하겠는가?
5. 주의력 향상을 위해 스테이시에게 직접 알려 줄 수 있는 방법들에는 어떤 것이 있는가?

부주의의 문제점은 무엇인가?

앞에서 이야기한 것처럼 부주의는 ADHD의 주요 특징이다. 부주의는 수업을 빼먹거나 자세한 지시 사항을 놓치거나, 숙제나 장난감을 잃어버리는 형태로 나타난다. 이러한 현상들에 적당히 대처하지 않으면 ADHD 아동에게 더 커다란 문제가 생길 수 있다.

예를 들어 중요한 시험을 앞두었을 때마다 공책과 교과서를 잃어버린다고 해 보자. 학교생활을 원만히 할 수 있겠는가? 친구 집을 찾아갈 때마다 주소가 기억나지 않는다거나 어느 길로 가야 할지 자세히 보지 않아 매번 헤맨다고 생각해 보자. 사회생활을 제대로 할 수 있겠는가? 아니면 회사 면접을 보는데 여러 사람의 이름을 바꿔 부르고 이력서를 잃어버린다고 해 보자. 원하는 직업을 얻을 수 있으리라 생각하는가?

부주의는 ADHD를 가진 사람에게 심각한 문제가 될 수 있다. 어린 아동으로부터 어른에 이르기까지 부주의는 생활의 질을 떨어뜨린다. 이러한 이유로 ADHD 증상을 보이는 사람은 부주의로 야기되는 손실을 최소화할 수 있는 방법을 배우는 것이 중요하다. 또한 이러한 방법은 집과 학교에서, 되도록 조금이라도 어렸을 때 터득되어야 한다.

부주의를 개선하기 위해 다음 세 가지 사항에 초점을 맞출 필요가 있다. 첫째로, 학생의 교실, 침실과 같은 환경이고 둘째는 교수법이다. 교사이건 부모이건 학생에게 적용하려는 교육의 범주와 형태를 연구하고 검토해야 한다. 셋째는 학생이다. 여러 정보를 종합하고 분석하여 학생을 효과적인 방법으로 교육해야 한다. 이 세 가지 요소들은 상호 관련되어 있으므로 학생의 주의력을 향상시키기 위해서는 환경과 교사 그리고 학생 모두가 동시에 개선되어야 한다.

환경이 부주의에 미치는 영향은 무엇인가?

부주의는 산만함, 과잉행동과 상관관계에 있다. 교실에서 뛰고 돌아다니는 학생은 선생님의 말에 집중할 수 없고, 복잡한 길 옆 창가에 앉아 있는 학생 역시 수업에 집중하기보다 밖으로 지나가는 차를 쳐다보고 있기 쉽다. 따라서 환경 개선이 학생의 주의력 향상에 도움이 될 수 있다.

교실이나 침실 등의 환경을 어떻게 바꾸어 줄 것인가를 이야기하기 전에, ADHD 증상을 보이는 사람은 욕구나 학습 능력이 보통 사람과 다르다는 것을 인지해야 한다. 어떤 학생에게 효과가 있었던 방법이 또 다른 학생에게는 그렇지 않을 수 있으나, 학생의 행동을 주의 깊게 관찰하고 분석하면 어디서부터 시작해야 할지 알 수 있다.

자극의 정도

ADHD 학생을 지도하는 교사는 "교실에 얼마만큼의 자극과 변화를 주어야 하는가?" 하는 질문들을 오래전부터 해 왔다. 이는 매우 중요한 질문이나 불행하게도 정답은 없다.

잠시 책을 내려놓고 주변을 살펴보자. 그리고 주변의 모습을 당신 스스로에게 묘사해 보라. 방이 넓고 통풍이 잘되는가 아니면 어둡고 아늑한 느낌이 드는가? 당신은 편안한 의자에 앉아 있는가 아니면 바닥에 앉아 있는가? 또는 침대에 누워 있는가? 벽에는 그림이 많이 걸려 있는가? 당신은 창문을 바라보고 있는가 아니면 방의 한쪽 구석을 바라보고 있는가? 독서등은 방안 전체를 비출 만큼 밝은가 아니면 책의 한 면을 비출 만큼의 밝기인가? 방 안은 따뜻한가? 간식거리를 옆에 두고 있는가? TV는? 라디오는? 아무것도 없이 아주 조용한가?

어떤 사람은 공부할 때 음악이나 TV처럼 어느 정도의 소음을 필요로 하며 또 다른 이들은 도서관처럼 아주 조용한 곳을 찾아 나선다. ADHD 증상을 보이는 이들도 마찬가지이다.

ADHD 학생 중 일부는 교실 안 포스터나 모빌, 동물 등에 의해 혼란을 일으키는 반면, 또 일부는 교실에 아무것도 없을 때 자극을 많이 받는다. 그러면 학생에게 해 줄 수 있는 가장 좋은 방법은 무엇일까? 교실 한구석 책상에 자극이 될 만한 몇 개의 물건을 올려놓거나 집에서 라디오를 틀어놓고 공부하게 한 후 학생의 집중도를 실험해 보자.

만일 한 학생은 자극에 혼란스러워하는 반면, 또 다른 학생은 자극을 자연스럽게 받아들인다면 이 서로 다른 두 학생에게 교실을 따로 마련해 주어야 할까? 아니다. 학생의 필요에 맞도록 교실 뒤쪽에 적절한 학습 공간을 조성해 주면 된다. 이러한 조치 없이 학생에게 학습을 강요하는 것은 서로 다른 방향으로 움직이는 바퀴를 달고 있는 쇼핑 수레를 억지로 밀고 나가는 것에 불과하다.

좌석 배정

어떤 학생은 다른 학생의 방해를 받지 않는 교실 앞쪽에 앉히는 것이 좋고 또 어떤 학생은 교실 안의 모든 자극들이 앞에 위치하도록 뒤쪽에 앉히는 것이 좋다. 가장 좋은 절충안은 필요할 때 교사의 도움이 바로 미칠 수 있는 앞쪽에 앉히되 학생의 뒤쪽에는 되도록이면 학생의 신경을 자극할 수 있는 것들을 두지 않는 것이다. 가장 좋은 예로 모든 학생이 앞에 앉을 수 있도록 책상의 대형을 말발굽 모양으로 하고 ADHD 학생을 교사의 책상과 가장 가까운 말발굽 끝부분에 앉히는 방법이 있다. 교사와의 근접성은 확실히 학생에게 도움이 되며 게다가 뒤쪽에 벽만 있다는 사실이 학생으로 하여금 뒤돌아볼 필요가 없음을 깨닫게 하여 수업에 집중할 수 있게 해준다.

도서관 개인 열람석의 이용

ADHD 학생의 집중력을 흐리는 다른 자극 요건에 대해 생각해 보자. 벽에 그림이 걸려 있는가? 천장에 모빌이 달려 있는가? 교실 안에서 기르는 동물이 있는가? 수족관이나 형광등에서 웅웅거리는 소리가 나지는 않는가? 아니면 위의 모든 경우에 해당되는가?

당신이 어떤 방에 공부하러 들어갔다고 생각해 보자. 방은 외부 자극으로부터 완벽히 차단되어 있는가? 아무것도 없는 방에서 공부를 잘할 수 있을까? 벽은 그저 흰색이고 가구도, 그림도 없다면? 아마 이런 생각이 들지도 모른다. '그래, 집중하기 좋지, 뭐.' 하지만 오히려 색도, 그림도, 아무 자극도 없는 방에 감금되어 있다는 생각이 들어 불쾌감을 느낄 수도 있다. 학생이 선호하는 환경 역시 매우 다양하다.

만일 학생이 어떤 자극도 좋아하지 않는다면 도서관 개인 열람석을 이용하게 하거나 학생의 책상을 조용한 구석에 두도록 하자. 그러나 학생을 혼자 있게 하거나 다른 친구들과 다르게 보이게 해서는 안 된다. 아마 일반 학생의 경우에도 개인 열람석이나 구석자리를 사용하는 것은 도움이 될 것이다.

자극 없이 아무것도 할 수 없는 학생을 빈 방에 혼자 둔다면 미쳐 버리고 말 것이다. 또한 그 학생은 조금이라도 자극이 되는 것을 찾으려고 분주히 움직일 것이다. 예를 들어, 아무것도 없는 벽에 그림을 그린다거나 창문 등을 찾아내어 밖을 내다보려고 할 것이다. 이러한 학생에게도 개인 열람석을 사용하게 할 수 있다. 학생에게 열람석 내부에 마음대로 그림을 그려도 좋다고 허락한다면 수업 내용과 관련된 것들을 그릴 수도 있다.

휴식 공간

학생의 집중력 향상에 도움이 되는 또 다른 환경 개선 중 하나는 휴식 공간을 제공하는 것이다. 이동식 분리 벽을 이용할 수도 있고 학생이 앉아서 독서할 수 있는 의자 등을 마련할 수도 있다. 이 방법은 가정에서도 아주 유용한 방법인데 적어도 휴식 공간으로 정한 방 안에는 TV나 라디오가 없어야 한다. 게다가 이 공간은 거실이나 부엌 같은 복잡하고 사람의 왕래가 많은 장소와 떨어져 있어야 한다.

소음과 빛의 이용

모든 학생은 부드러운 배경 음악이나 '백색 소음'으로부터 도움을 받는다. 조용한 수업 시간에 부드러운 음악이나 파도 소리가 담긴 CD를 틀어 줄 수도 있고, 새로운 전달 사항이 없다면 각자 개인 워크맨으로 부드러운 음악을 듣도록 허락할 수 있다. 이러한 방법은 학생을 외부 자극으로부터 차단하여 편안한 느낌을 가질 수 있도록 해 준다. 음악은 학생의 상태를 '최상으로 조절하여' 학생이 책상 앞에서 차분히 자신의 일을 할 수 있도록 도와준다.

빛 또한 학생의 주의력 향상에 도움이 될 수 있다. 예를 들어, 천장 조명을 색지로 감싸놓으면 형광등 불빛이 덜 '거슬릴' 수 있다. 다양한 색깔의 불빛들은 주변의 분위기를 더 친근하게 하고 편안하게 만들어 준다.

가정에서도 마찬가지이다. 만일 학생이 숙제를 하지 않는다면 이는 집에서의 집중이 힘들기 때문이다. 아동의 집중을 방해하는 요소가 무엇인지 찾아보라. TV, 냉장고, 전화기, 장난감, 애완동물 그리고 공부하지 않는 다른 식구들이 있을 수 있다. 또는 ADHD 아동의 방이 정말 끔찍한 장소일 수 있다. 책상 커버는 더럽고, 제출 기한을 '넘겨 버린' 숙제들도 널려 있고, 장난감에 심지어 상상조차 못할 잡다한 물건들이 널려 있을 수도 있는 것이다. 이러한 상황에서 공부를 할 수 있는 사람은 아무도 없으며 특히 집중력에 문제가 있는 사람이라면 더더욱 그럴 것이다.

이제 집 안 환경을 조금 바꾸어 보자. 아동에게 방을 치우도록 시키거나 다른 장소에서 숙제를 하도록 해 준다. 동네 도서관을 이용해도 좋다. 독서등 또한 아동의 집중에 도움을 준다. 학생의 욕구를 잘 파악하여 학습에 적당한 환경을 조성해 주도록 하자.

부주의에 효과적인 교수법에는 어떤 것들이 있는가?

학생의 환경을 점검하고 문제점을 개선해 주면 일단 주의력에 방해가 될 수 있는 요소들은 최소화된 것이다. 이제 교육의 효과를 극대화시킬 수 있는 방법들을 적용해야 한다. 많이 방법들이 장애 학생이나 비장애 학생 모두에게 효과가 있으며 또한 일부는 매우 상식적인 방법들이다. 그러나 여러 가지 방법들을 함께 적용할 때 학생의 주의력과 학습 효과를 최대화할 수 있다.

교육 시간의 단축

만일 집중력에 문제가 있는 학생이라면 과제를 수행하는 시간을 줄여 주어야 한다. 이는 ADHD 학생에게 다른 학생보다 공부를 덜 하게 한다는 의미가 아니라 과제를 완성하기까지 필요한 시간들을 분할해 주어야 한다는 뜻이다.

예를 들어 당신이 10쪽에 달하는 짧은 글 읽기를 해야 하는 학생을 도와준다고 해 보자. 이때 한 번에 10쪽을 읽게 하는 것이 아니라 5쪽을 읽고 난 후 읽은 내용에 대해 이야기하고 다음 내용에 대해 예상해 보도록 하거나 느낀 점을 행동으로 표현하게 해 보는 것이다. 그런 다음 나머지 5쪽을 읽게 하면 시간이 조금 더 걸릴 수는 있지만 학생은 과제를 완성할 수 있다.

교수법의 다양화

주의력을 향상시키는 교수법은 매우 다양하다. 그저 강의만 하는 교수의 수업을 들어 본 적이 있는가? 지루하지 않았는가? ADHD 학생도 똑같이 느낄 수 있다. 10분이나 15분마다 새로운 교수법을 제시해 주어야 한다.

당신이 바이킹의 역사에 대해 가르친다고 해 보자. 강의나 슬라이드만으로 모든 지식을 알려 주는 대신 학생 스스로 지구본에서 스칸디나비아 반도를 찾아보게 하고 노르웨이와 북미 해안가까지의 거리를 재어 보게 하고 왜 바이킹들이 북미로 가려고 했는지 서로 의견을 교환하게 할 수 있다. 또한 스칸디나비아와 북미 간의 기후를 비교하게 할 수도 있다. 지식은 여러 가지 방법으로 습득될 수 있다. 만일 다양한 교육방법으로 수업을 빠르게 진행시킨다면 당신은 좀 더 역동적인 수업을 진행하면서 학생의 주의력을 유지시킬 수 있다.

과학기술의 이용

최근에는 교실과 도서관뿐만 아니라 가정에도 개인용 컴퓨터가 구비되어 있다. 컴퓨터는 주의력결핍인 학생에게 다양한 정보를 제공하는 좋은 학습 수단이 된다. 생각해 보면, 컴퓨터로 소리를 듣고 움직이는 영상을 보며 쌍방향 통신도 가능하다. 이러한 기술은 학생의 주의력을 향상시킬 뿐만 아니라 효과적인 학습 방법을 제시한다. 예를 들면, 남북 전쟁에 관한 컴퓨터 '게임' 은 주요 인물이 누구이며, 어떤 작전들이 사용되었는지, 그리고 유명한 전투는 어느 지역에서 벌어졌는지에 대한 내용들을 학생에게 알려 준다. 배움은 반드시 재미있어야 함을 기억하자.

실 습

학생의 주의력을 향상시키는 또 하나의 방법은 실습 위주의 학습이다. 여기에는 추상적인 개념들을 학생이 몸으로 직접 표현해 보는 활동들도 포함한다. 학생에게 운동화 끈 묶는 방법을 그저 말로만 설명하기보다 직접 끈을 묶어 보게 하는 것이 훨씬 효과적이다.

수학도 마찬가지이다. 칠판에 '2+2' 라고 써놓고 말로 설명하기보다 학생이 실제로 만지고 셀 수 있는 블록이나 구슬 같은 교구를 제공하는 편이 더 낫다. 다른 교과목이나 가정에서도 마찬가지이다.

선행 조직자의 사용

부주의한 학생을 도울 수 있는 또 다른 방법은 선행 조직자(advanced organizers)를 사용하는 것이다. 이는 학생이 어떤 정보가 중요하며, '사전 준비' 가 필요한 정보들에는 어떤 것들이 있는지에 대해 더 나은 생각을 얻을 수 있도록 학습에 대한 윤곽을 제시한다. 가장 좋은 방법은 수업 내용의 목록을 칠판에 적어 놓는 것이다. 수업을 시작하기 전에 목록들을 검토해 보고 학생에게 수업 내용을 예상하게 하고 수업 시간 중에는 계속 목록을 체크해 가면서 다음 진행 내용에 대해 학생들에게 토론하게 한다. 또한 수업을 마치고 나면 목록을 통해 이 시간에 배운 내용들이 무엇인지 복습할 수 있다. 이러한 방법은 학생이 수업 내용을 명확하게 요약하고 정리할 수 있게 도와주며 나아가 이번 학기에 배워야 할 내용들이 무엇인가까지 파악하게 해 준다.

학습 지침

선행 조직자와 비슷한 방법으로 학습 지침의 사용이 있다. 이 지침은 학생이 학습과 관계있는 정보에만 관심을 쏟고 그 외의 것들은 가려낼 수 있게 하는 데 도움을 주며 학생 스스로 보호자나 교사와 함께 자신의 학습 계획을 세워 볼 수 있도록 한다. 예를 들어, 학생이 교과서의 한 단원을 읽기 전에 일단 그림이나 표, 그래프, 소제목 같은 것들을 대충 훑어보게 한 후 학생에게 단원의 내용을 대여섯 개의 질문형식의 문장으로 쓰게 한다. 그 다음 자세히 읽어 내려가면서 질문에 대한 답을 스스로 알아 가게 하는 것이다.

생활 계획표와 수첩의 사용

학생에게 생활 계획표를 쓰게 하는 것도 좋은 방법이다. 생활 계획표를 쓰면서 학생은 해야 할 일과 일의 순서를 정하기도 하고 이미 끝마친 일에 대한 정리도 할 수 있다. 생활 계획표나 수첩에 정기적으로 무언가를 정리하는 것은 메모하는 습관을 갖게 하는 데 도움이 된다. 교사는 이러한 학생의 습관이 자리 잡도록 수업 마지막 5분 정도만 할애해 주면 된다. 동시에 가방이나 사물함 등 정해진 장소에 수첩을 놓아두게 한다면 사물을 자꾸 잃어버리는 일도 막을 수 있다.

집에서는 해야 할 일들의 목록을 만들어 냉장고 문 앞에 붙여놓고, 일을 마치고 나면 학생 스스로 목록을 지우게 한다. 이러한 과정을 통해 부모는 학생의 진척 사항을 파악할 수 있으며 학생은 앞으로 해야 할 일들이 무엇인지 파악할 수 있다.

부분 과제

학생이 주의력을 유지하는 데 어려움이 있을 때, 세부적인 사항들을 놓치거나 숙제를 하는 데 부주의한 실수를 저지르게 된다. 한 학생이 수학 문제의 첫 몇 문제만 맞추고 나머지는 모두 틀렸다면 어떻게 해야 할까?

일단 학생에게 세 문제당 한 문제만 풀게 한 다음 푼 문제의 90퍼센트 이상을 맞춘다면 쉬는 시간을 조금 더 주는 종류의 보상을 해 준다. 그러나 정답률이 70퍼센트에 미치지 못한다면 또 다른 문제의 조합을 풀어 보도록 유도해야 한다.

이러한 방법은 수학뿐만 아니라 다른 과목에도 적용 가능하다. 만일 학생이 철자법 예비 시험에서 90퍼센트 이상을 맞추면 사후 시험을 면제시켜 줄 수 있다. 하지만 중요한 점은 학생에게 과제를 완벽하게 하기 위해서는 더 많은 공부가 필요하다는 점을 알게 해야 한다는 것이다. 학생에게 대충 공부해도 된다는 생각을 갖게 해서는 안 된다.

친구와 함께 공부하기

학생의 부주의한 실수를 줄이기 위해 '친구와 함께하는 교육'을 잘 활용해야 한다. 짝을 이루어 과제를 수행하게 하면 학생은 파트너의 실수를 서로 보완해 줄 수 있다. 교사는 숙제를 가장 잘해 오는 '팀'에게 스낵이나 추가 점수를 제공함으로써 경쟁심도 유발시킬 수 있다.

그러나 문제는 경우에 따라 짝을 이루어 활동하는 것이 이득이 되기보다 더 산만해질 수 있다는 것이다. 예를 들면 사춘기 남학생과 여학생을 파트너로 정해 주는 것은 학생의 관심사를 숙제로부터 더 멀어지게 하는 결과를 가져오기도 한다. 또한 어쩌다가 서로 사이가 좋지 않은 두 학생이 짝이 된다면 계속 싸움이 벌어지거나 결론 나지 않는 논쟁을 계속하게 된다. 어떤 학생끼리 짝이 되었는지 주의 깊게 잘 살펴보아야 한다.

부주의를 개선할 수 있는 방법에는 어떤 것들이 있는가?

학교나 가정에서 학생의 주변 환경을 개선해 주고 학생에게 맞는 여러 가지 교수법을 적용하면 이제 학생을 위해 모든 것을 해 주었다고 할 수 있을까? 절대 아니다.

새로운 교수법과 개선된 환경하에 이제 학생은 수업에 집중하면서 모든 과목에 열심을 보인다고 하자. 그럼 학년이 바뀌어 새로운 선생님을 만나게 되면 어떻게 될까? 아마 모든 상황들이 다시 원점으로 돌아가고 말 것이다. 따라서 학생은 자신에게 친숙한 선생님이나 친구들이 없는 상황에서도 스스로 학습을 계속해 나갈 수 있는 기술을 터득해야 한다. 이를 위한 많은 방법들이 있다.

우선순위의 결정

학생에게 해야 할 일들의 우선순위를 정하여 목록을 만들게 하는 것이 큰 도움이 된다. 누구나 이번 주에 해야 할 모든 일들을 한꺼번에 생각하면 머릿속이 복잡해질 것이다. ADHD 학생에게는 더욱 그렇다. 우선순위를 결정하게 되면 학생에게 가중되는 불필요한 스트레스를 줄일 수 있다.

우선순위를 결정하는 법을 가르칠 때 학생에게 제출기한, 더 많은 점수가 할당되어 있는 과제, 부수적인 일 등 여러 가지 변수가 있음을 상기시킨다. 이러한 변수에 대한 고려는 학생이 일의 순서를 정하는 데 도움이 된다.

메모하기

메모하는 습관은 학교에서뿐만 아니라 가정에서도 길러질 수 있다. 메모 습관이 좋은 것이라는 것은 누구나 다 알고 있기는 하지만 정말 올바른 메모 방법에 대해 알고 있는 학생은 그리 많지 않다. 학교 다닐 때 OHP의 필름을 바꿔 가며 강의하는 교수의 수업을 정신없이 노트에 옮겨 적던 기억을 되살려 보자. 시험 전에 강의 노트를 펼쳐 보았을 때 주제와 내용은 없고 그저 받아쓰기에 불과한 문장들에 당황한 적이 없었는가! ADHD 학생에게도 마찬가지이다. 올바른 메모 방법을 습득하지 못한다면 학생은 자신의 두서없는 노트만을 쳐다보고 있어야 할 것이다.

좋은 메모 습관은 교사나 학부모 등 학생의 교육을 담당하고 있는 사람으로부터 배워서 습득되어야 한다.

학생이 습득해야 할 가장 중요한 메모의 기술 중 하나는 주제와 주제를 뒷받침하는 내용을 파악하는 것이다. 이 기술을 습득하기 위해서는 시간과 노력을 많이 들여야 하며 올바른 지도가 뒷받침되어야 한다. 학생은 교사의 메모 내용을 참고하면서 이러한 기술을 습득할 수 있는데, 교사의 메모를 보면서 학생은 메모의 방법과 요점 파악의 방법을 알아낼 수 있다. 즉 교사의 메모는 학생에게 훌륭한 견본이 된다. 교사는 학생이 기록한 내용을 시험시간에 참고하게 할 수도 있는데 이는 메모 습관을 기르는 효과적인 동기 유발이 된다.

자기 점검

부주의한 학생을 돕는 다른 한 가지 방법은 학생에게 소위 '자기 점검(matacognition)' 을 하는 시간을 갖게 하는 것이다. 이러한 개념의 핵심은 학생이 자신의 행동을 스스로 돌아보게 하는 데 있다. 예를 들어 학생 스스로가 몇 분마다 한 번씩 "내가 지금 하고 있는 일에 충분히 집중하고 있는가?"라고 자문하면서 자신의 상태를 점검해 볼 수 있다.

이 방법에는 장단점이 있다. 먼저, 학생 스스로 하는 중재 방법이므로 교사가 특별히 시간을 할애할 필요가 없다. 단지 학생이 자신의 행동에 대해 생각하는 습관을 갖도록 도와주면 된다. 하지만 학생의 입장에서는 자신의 행동을 모두 기억하고 점검해야 한다. 둘째로, 어디에서나 적용 가능한 방법이라는 것이다. 심지어 운전을 하고 있을 때에도 "내가 지금 목적지를 향해 올바로 가고 있는가?"라고 자문해 볼 수 있다.

단점으로는 자기 점검의 과정이 오히려 학생의 집중력을 흐릴 수 있다는 것이다. 당신이 책을 읽고 있을 때 누군가 다가와서 "무슨 책 읽어요?"라고 물어본다면 당신은 읽던 곳을 표시해 놓고 그 사람과 이야기를 나누게 될 것이다. 하지만 그 사람과의 대화가 끝난 후 다시 독서를 하려고 하면 조금 전의 그 독서 흐름을 타기란 쉽지 않다.

학생에게도 같은 상황이 벌어질 수 있다. 학생이 교사가 하는 말 한 마디 한 마디에 집중하다가 "내가 제대로 집중하고 있는 건가?"라고 자문하는 동시에 학생의 집중력이 흩어질 수 있다. 즉 '자기 점검'은 적절한 상황에 적절히 사용되어야 학생 스스로의 행동을 조절하는 데 효과가 있다.

자기 점검의 습관이 잘 배도록 교사나 부모는 간단한 몸동작으로 학생을 도와줄 수 있다. 만일 학생이 공상 중이라고 생각되면 손가락을 마주쳐 소리를 낸다거나 엄지손가락을 들어 올리는 것이다. 이렇게 간단하고 미묘한 동작들은 다른 학생에게는 전혀 방해가 되지 않으면서 공상 중인 학생을 다시 정신 차리게 하는 좋은 귀띔이 된다.

실례로의 적용

부주의한 학생을 가르치기 전에 먼저 여러 가지 질문에 대해 생각해 볼 필요가 있다. 잠시 이 장의 앞부분에 소개되었던 스테이시에 대해 생각해 보

자. 스테이시가 ADHD라고 생각하는가? 스테이시의 행동을 설명할 만한 다른 가능한 질환은 없는가? 스테이시의 집중력을 향상시키기 위해 그녀의 환경을 어떻게 개선해 주면 좋겠는가? 스테이시의 선생님에게 해 줄 수 있는 조언은? 그리고 마지막으로 교사와 함께 있지 않은 상황에서 스테이시가 집중력을 유지하기 위해 알아야 할 사항들은 무엇인가?

스테이시는 ADHD인가?

당신의 생각은 어떠한가? 스테이시가 ADHD라고 생각하는가? 그렇다면 어떤 유형에 속하는가?

스테이시의 경우 다음 세 가지의 명확한 특징을 보이고 있다. 첫째, 스테이시의 행동은 자신의 생활에 확실히 부정적인 면을 미치고 있다. 특히 학교에 자주 빠지고 친구를 사귀지 못한다. 둘째로 스테이시의 문제점들이 여러 상황에서 지속적으로 나타난다. 스테이시의 부모가 집에서도 '이상한' 행동을 보인다고 말한 것을 기억하자. 게다가 스테이시는 거의 모든 수업에 집중하지 못하고 있다. 이러한 정황으로 볼 때 스테이시를 ADHD-I(부주의 우세형)나 물건을 자주 잃어버리고 건망증이 심하며 생각을 정리하기 어렵고 집중력이 떨어지며 과제를 끝마치기 어려운 현저한 부주의형 ADHD로 진단할 수 있다.

스테이시의 이상행동이 언제부터 시작된 것인지에 대해서도 알아보아야 하지만 만일 스테이시의 부주의함이 예전부터 지속된 것이라면 ADHD-I(부주의 우세형)일 가능성이 크며 그렇지 않다면 다른 가능성들에 대해 고려해 보아야 한다.

스테이시의 행동을 설명할 수 있는 다른 가능성들에는 어떤 것들이 있는가?

스테이시에게 어떤 문제가 있음은 확실하다. 그러나 이러한 문제점이 ADHD-I(부주의 우세형)가 아닌 다른 것에 기인했을 가능성은 없을까?

하나의 가능성은 우울증이다. 스테이시는 내성적이고 항상 혼자이다. 게다가 우울증의 한 증상이 학업에 흥미가 없고 주의력이 부족하다는 것이다. 만일 실제로 우울증이 의심된다면 스테이시에게 즉각적인 도움을 주어야 한다.

또 다른 가능성은 약물 복용이다. 만일 스테이시가 술이나 마약을 복용한다면 정신적 '공황' 상태와 산만함을 보일 것이다. 특히 스테이시의 행동이 오래전부터 지속된 것이 아니라 최근에 발현된 것이라면 약물이나 우울증의 가능성을 더더욱 배제할 수 없다.

마지막으로, 가정적 문제가 있을 수 있다. 부유한 가정환경과 아동의 교육에 대한 부모의 관심이 가정 내 문제가 절대 존재하지 않음을 의미하는 것은 아니다. 스테이시가 가족으로부터 필요한 사랑과 관심을 충분히 얻지 못하고 있을 수도 있다.

스테이시의 문제가 이것이다라고 확실히 말할 수는 없을지 몰라도 여러 정보와 추측을 통해 가능성을 몇 가지로 추려 낼 수 있게 되었다. 일단 가장 가능성이 높은 원인을 파악하고 나면 문제 해결에 즉시 착수해야 한다.

스테이시의 환경을 어떻게 바꾸어 줄 것인가?

환경적인 요소는 확실히 학생의 집중력에 영향을 미친다. 조명이 너무 어둡거나 창 밖으로 기차가 지나가는 상황에서 당신은 독서에 집중할 수 있겠는가? 주의 집중력에 문제가 있는 학생이 있다면 그 학생의 환경을 꼼꼼히 살펴보아야 한다. 스테이시의 경우는 어떤가?

먼저 스테이시를 여러 자극이 제공되는 창문으로부터 멀리 떨어뜨려 놓은 후 그녀에게 호의적이면서 도움을 줄 수 있는 친구와 함께 앉도록 한다. 아마 이를 기회로 스테이시가 친구를 사귀게 될지도 모른다. 마지막으로 스테이시가 과제나 책을 자꾸 잃어버린다면 부모에게 침실이나 공부방의 구조를 바꾸게 할 수 있다.

스테이시를 어떻게 가르칠 것인가?

환경을 바꾸어 주는 것만으로도 많은 도움이 되지만 이제 집중력에 문제가 있는 학생에 대한 교육 방법에 대해 조금 더 생각해 보아야 한다. 교사가 무엇을 어떻게 가르치느냐에 따라 학생의 배움의 수준이 달라진다는 관점에서 볼 때 스테이시에게 적당한 교수법에는 어떤 것이 있을까?

무엇보다도 교사가 너무 많은 설명을 해서는 안 된다. 상대방의 말이 많아질수록 학생은 집중하기가 더욱 힘들다. 반면에 집단 활동을 활용하면 스테이시의 학업뿐만 아니라 긍정적 교우 관계 형성에도 도움이 된다. 또한 손으로 직접 만질 수 있는 교구들도 매우 효과적이다. 스테이시가 수학에 문제가 있음을 고려해 볼 때 시험지나 칠판에 문제를 풀게 하는 것보다 수학과 관계있는 교구를 제공하여 스스로 만들고 조작해 본 후 결과를 알게 하는 것이 좋다. 그 외에 스테이시에게 적용할 수 있는 적절한 교수법에는 어떠한 것들이 있는지 생각해 보라.

스테이시 스스로 주의력 결핍을 극복할 수 있도록 가르쳐 줄 수 있는 기술에는 어떤 것이 있는가?

학교에서 집중력을 기르는 것만으로는 부족하다. 여러 다른 장소와 상황에서 학생 스스로가 주의력을 유지하려면 어떻게 해야 하는가? 학생은 살아가면서 스스로를 통제할 수 있는 기술을 습득해야 한다. 이러한 관점에서 스테이시에게 무엇을 가르쳐 주어야 하는가?

스테이시에게 질문에 답하기 전에 간단한 메모를 해서 생각을 정리하게 할 수 있다. 집에서도 그녀가 해야 할 일들을 미리 정리하여 기록하게 한다. 또한 스테이시가 어려운 상황에 처했을 때 주변인들에게 자신의 상태를 잘 설명할 수 있는 효과적인 사회화 방법을 배우는 것도 한 방법이다.

CHAPTER 03

충동성의 개선 방법

이 장의 목표

이 장에서는 다음 질문에 답한다.

1. 충동성의 문제점은 무엇인가?
2. 환경이 충동성에 미치는 영향은 무엇인가?
3. 충동성을 완화할 수 있는 기술에는 어떤 것들이 있는가?
4. 충동성을 개선할 수 있는 방법에는 어떤 것들이 있는가?

사례 연구 : 로버트

로버트에 대하여 어떻게 이야기해야 할까요? 일단 겉으로 보기에 로버트는 똘똘하고 에너지가 넘치고 호기심 많은 전형적인 2학년 학생입니다. 하지만 교실이나 운동장에서 그를 몇 분만 관찰해 보면 보통의 아동과는 조금 다르다는 것을 금세 알 수 있습니다.

로버트는 지시 사항이나 학급의 규칙을 따르지 않습니다. 예를 들면, 아주 가끔 로버트가 질문을 하거나 질문에 대답을 할 때면 교실이 울리도록 소리를 질러 댑니다. 게다가 수업 시간에 이상한 소리를 불쑥 내뱉기도 해서 제가 저 아동이 제정신이 아닌가 하는 생각도 가끔 합니다. 한번은 과학 시간에 식물과 동물의 차이에 대해 이야기하는데 갑자기 벌떡 일어나더니 "나는 날 수 있어, 나는 날 수 있어." 하고 노래를 부르며 교실 안을 뛰어다니는 겁니다. 또 한번은 예배 시간에 아주 큰 소리로 "우리 강아지가 병아리를 핥아먹으려고 해요!" 라고 소리를 질렀습니다. 두말할 필요도 없이 로버트는 어디를 가든지 말썽꾸러기에 방해꾼이 되고 말지요.

게다가 이번 학기에는 다른 학생의 소지품을 집에 가져가 버리는 바람에 소동이 생겼습니다. 로버트가 물건을 훔쳤다는 게 아니라 친구들의 물건을 빌린 후 돌려주지 않거나 허락 없이 가져다 쓴다는 것이죠. 뭔가 자기 마음에 드는 물건이 있으면 그냥 가져가 버립니다. 그러다 보니 점심시간이나 쉬는 시간에 로버트와 놀려고 하는 아동이 없어요.

로버트의 엄마와 제가 로버트의 행동을 바로 잡아 보려고 두 주 동안 쉬는 시간에 밖에 나가지 못하게 하는 등 여러 가지 벌을 주기도 해 보았는데 소용이 없었습니다. 한번은 복도에 세워놓고 타임아웃을 시켰는데 조금 지나 나와 보니 복도를 마구 돌아다니며 말썽을 부리고 있더군요.

로버트에게 약물치료를 권했으나 로버트의 엄마가 주저하고 있습니다. 이 아동에게 어떤 조치가 필요하다는 것은 분명합니다.

● 사례연구에 대한 질문

1. 로버트가 ADHD라고 생각하는가? 설명하라.
2. ADHD가 아니라면 로버트의 행동을 설명할 수 있는 다른 원인에는 어떤

것이 있는가?

3. 로버트의 충동성을 완화시키려면 주변 환경을 어떻게 개선하면 되겠는가?
4. 로버트의 충동성을 완화시키기 위한 교수법에는 어떤 것들이 있는가?
5. 충동성 완화를 위해 로버트가 직접 할 수 있는 기술들에는 어떤 것이 있는가?

충동성의 문제점은 무엇인가?

충동성은 학업, 사회생활, 개인의 안전 등 일상에 큰 타격을 줄 수 있다. 당신이 지금 대학 입학시험을 치르고 있다고 해 보자. 문제를 읽고 올바른 정답을 고르는 것이 아니라 대충 살펴보고 그저 먼저 눈에 들어오는 보기를 답으로 고른다면 시험을 잘 치를 수 있겠는가?

이번엔 연회에 참석했는데 평소에 친하고 싶었던 사람과 마주치게 되었다고 해 보자. "안녕하세요? 저는 Rob입니다. 성함이 어떻게 되시는지요?"라고 묻는 대신, "엉덩이가 예쁜데요."라고 말해 버린다면 과연 상대가 당신을 올바로 평가할 수 있을까?

또 한 가지, 당신이 운전을 하고 있는데 왼쪽 차선이 더 빨리 움직이는 것 같다고 해서 뒤차의 움직임을 확인하지 않고 갑자기 끼어든다면 어떻게 되겠는가? 그저 보험 처리를 하고 차를 고치면 된다고 생각하는가? 만일 당신 또는 누군가가 그 사고로 인해 심각한 부상을 입는다면 당신의 인생은 분명 지금과는 다를 것이다.

위의 모든 예는 ADHD-HI(과잉행동-충동 우세형)나 ADHD-C(혼합형) 증상을 보이는 사람에게 일어날 수 있는 일들이다. 그들은 시험을 보거나 운전을 하는 등 일상생활에 있어 충분한 시간을 들여 생각하지 않으므로 ADHD-I(부주의 우세형) 학생처럼 부주의에 의한 실수를 저지르기 쉽다. 게다가 다른 사람의 기분은 전혀 고려하지 않고 이야기하며 자기도 모르는 사이에 큰 소리로 마구 떠들기도 한다. 또한 다른 사람과 필요 없는 신체접촉으로 인해 싸움에 휘말리거나 이상한 사람으로 보이기도 한다.

충동적인 사람은 대단히 창의적이다. 그들은 종종 세상을 독특한 시각으로 인지하며 매우 복잡한 문제를 간단히 해결할 수도 있다. 그러나 학생이 자신의 충동성을 재능으로 바꾸려면 학생 스스로 충동성을 잘 이용하고 억제하는 방법을 배워야 한다. 이를 위해 교사는 환경을 바꿔 주고 교수법을 강화하며 학생에게 여러 가지 기술을 가르쳐 주어야 한다.

환경이 충동성에 미치는 영향은 무엇인가?

충동성에 의해 야기되는 여러 가지 문제들은 환경과 밀접한 관계가 있다. ADHD 학생이 자기 자리에 앉아서 과제를 수행해야 하는 시간에 다른 학생을 손으로 쿡쿡 찌르거나 계속 방해하는 것을 본 적이 있는가? ADHD 학생은 거의 자기 자신을 통제할 수가 없다. 환경을 바꾸어 줌으로써 생각보다 행동이 앞서 나가는 것을 막아야 한다.

책상 간 거리를 멀리하기

환경을 바꾸어 주기 전에 먼저 현재 학생 주변을 점검해 볼 필요가 있다.

학생과 다른 친구들 간의 거리가 얼마나 되는가? 충동적인 학생은 다른 학생과 닿지 않을 정도의 충분한 거리를 유지해 주어야 한다. 하지만 학생에게 벌을 받고 있다거나 혼자 고립되어 있다는 생각이 들게 해서는 안 된다.

만일 저녁 식탁 앞에서나 교회에서 끊임없이 다른 형제들을 괴롭히고 잠시도 가만히 앉아 있지 못하는 아동이 있다면 형제들과 멀리 떨어뜨려 앉도록 해야 한다. 자리가 여의치 않은 경우, 아동을 어른들 사이에 앉히는 것도 한 방법이다.

주의를 끄는 사물 제거하기

환경적인 요인으로부터 학생을 멀리 떨어뜨리는 방법도 있지만 학생으로부터 자극적인 요인들을 제거하는 방법도 있다. 한 학생이 자꾸 교사의 책상에서 마커를 가져간다면 마커를 포함한 모든 필기구를 서랍 안에 넣어 버리기만 하면 된다. "눈에서 멀어지면, 마음도 멀어진다"고 하지 않았던가? 이는 학교에서나 가정에서 부적절한 행동을 예방하는 데 효과적인 방법이다. 특히 학생의 충동성이 신체 상해나 재산의 손실을 야기할 수 있을 때 더욱 그렇다. 예를 들어, 만일 학생에게 가위나 연장 등이 눈에 띄지 않도록 장식장에 넣고 잠가 버리면 만일의 사고를 막을 수 있다. 또한 값비싼 귀중품은 아동이 잘 드나들지 않는 안방이나 서재에 보관하도록 한다.

꼭 필요한 물건만 가지고 있게 하기

때때로 학생은 너무 많은 물건을 가지고 있을 때, 그 물건들을 적절치 못한 방법으로 처분해 버리려는 충동을 느낀다. 연필이 가득 널려 있는 책상 앞에 앉은 학생은 연필을 천장으로 마구 던질 수 있다. 과제에 꼭 필요한 도구들만 가지고 있으면 나머지 물건들을 오용할 가능성이 줄게 된다.

규칙 목록 만들기

학생이 규칙을 인지하게 하는 것은 집에서나 가정에서나 효과적인 교육에 필수적이다. 게다가 부주의한 학생에게는 계속해서 상기시키는 것이 필요하다. 수업시간에 방해되지 않도록 학생에게 규칙을 상기시키는 방법 중 하나는 학생의 책상이나 문 앞에 규칙 목록을 만들어 붙여 놓는 것이다. 이는 학생에게 행동의 지침을 제시하는 데 시각적 효과가 있다.

충동성 개선에 효과적인 교육 방법은 무엇인가?

만일 학생이 교사의 수업에 매우 집중한다면 교사가 학생의 행동에 제재를 가하게 되는 일을 줄일 수 있다. 부적절한 행동을 사전에 예방하고 충동적 행동의 원인이 되는 일들을 최소화하는 것이 중요하다. 이를 위한 교수법은 여러 가지가 있다.

효과적인 전략의 선택

훌륭한 교사나 부모가 되기 위한 핵심은 효과적인 전략을 짜는 데 있다. 이 점은 모든 아동에 있어 마찬가지이다. 부모나 선생님이 당신이 입을 열 때마다 틀린 문법을 고쳐 주고 말을 더 잘하는 방법을 가르치려고 한다면 당신의 기분이 어떻겠는가? 아마 당신은 '무시당했다' 라는 느낌을 받고 학교에서 있었던 일들이나 주말에 있었던 일들에 대해 더 이상 이야기하지 않으려 할 것이다. 만일 당신이 ADHD 학생의 이야기나 행동을 일일이 지적하고 바로 잡으려 한다면 그들 역시 같은 느낌을 갖게 될 것이다.

교육을 시작하기 전에 어떤 행동에 대해 얼마만큼의 규제를 가할 것인가에 대한 명확한 기준이 있어야 한다. 예를 들어, 학생이 선생님의 이름을 마구 불렀을 때 매번 아니면 몇 번 중 한 번만 지적할 것인가, 또는 그냥 내버려 둘 것인가? 만일 아동이 넘어졌을 때 혼잣말로 '가벼운' 욕설을 사용한다면? 아동이 그저 연필을 깎으러 가는 일도 허락을 받아야만 할까? 이러한 일들은 당신도 할 수 있는 행동들임을 감안할 때 어떤 행동을 바로잡아 주고 어떤 행동을 그냥 넘길지 잘 선택하여 학생을 다루어야 한다.

하지만 전략을 잘 세우는 것만으로는 부족하다. 일관성 있는 전략이어야 한다. 만일 어떤 선생님이 당신이 손을 들지도 않았는데 질문을 하라고 시키거나 같은 말을 하더라도 어떨 때는 나무라고 또 다른 때는 그냥 넘어간다면 당신은 아마도 매우 혼란스럽고 선생님에게 무언가를 이야기하기가 꺼려질 것이다. 부모나 교사에게 일관성은 매우 중요한 문제이다.

행동 계약

행동 계약은 거의 모든 문제 행동에 도움이 된다. 행동 계약은 어떤 행동의 결과를 가지고 협상하는 것을 의미한다. 만일 학생이 일주일 동안 친구들과 싸우지 않는다면 놀이시간을 조금 더 주고 대신 싸움을 하면 놀이시간을 줄이는 것이다.

행동 계약의 핵심은 쌍방이 결과와 보상에 대해 동의해야 한다는 데 있다. 학생, 부모, 그리고 교사가 모두 이 과정에 참여해야 하며 계약에 해당되는 행동 기준과 그에 따른 계약의 이행에 논쟁의 여지가 없어야 한다.

이 교육 방법의 재미있는 점은 계약을 이행하는 데 있어서 제3의 중재자가 필요하다는 것이다. 중립적인 견해가 교사와 학생 간 그리고 학생과 부모 간의 친밀감을 완화시켜 객관성을 유지하게 해 준다. 만일 계약에 대해 논쟁이 생기면 모의재판을 거칠 수 있는데 이때 다른 학생이나 어른들로 구성된 배심원의 판결을 적극 수용해야 한다.

과도기의 길잡이

체계적이지 못함(lack of structure)은 충동성을 보이는 학생의 치명적인 단점이다. 혼란함이 있는 곳에는 분명 말썽이 생기며 하나의 활동에서 또 다른 활동으로 진행하는 과도기는 보통 혼란이 동반된다. 수업 시작 전이나 집에서 학생은 관리의 눈길로부터 멀어지게 되고 바로 이때 부적절한 행동들이 일어나게 된다.

과도기의 문제점을 줄이기 위해 교사와 부모는 생각과 행동을 조직화하는 방법을 가르칠 필요가 있다. 예를 들어, 어떤 새로운 활동을 시작하기 전에 '2분 예고제'를 적용하면 학생이 다른 활동을 예측하고 준비하는데 도움이 된다.

ADHD 학생의 관점에서 생각해 보자. 만일 학생을 집 안이나 교실 안에 몇 시간씩 가둬 두고 규칙을 지키면서 얌전히 있으라고 하다가 갑자기 밖으로 내보내 쉬는 시간을 주고 또다시 갑자기 교실이나 집 안으로 들어가게 한다고 해 보자. 이러한 갑작스런 변화에 학생이 잘 적응할 수 있겠는가? 이들은 자신의 충동성을 전깃불처럼 마음대로 끄고 켤 수 없다. 시간과 도움이 필요하다. 학생에게 쉬는 시간이 몇 분 정도 남았음을 알려주면 다음에 벌어질 상황에 대해 판단하고 대처할 수 있게 된다.

충동성을 완화할 수 있는 기술에는 어떤 것들이 있는가?

ADHD 학생이 사회에 잘 적응하기 위해 필요한 기술들이 있다. 예를 들면 행동하기 전에 충분히 생각할 줄 알아야 하며 생각나는 대로 말을 해서는 안 된다. 즉 학생 스스로 자신을 통제할 수 있어야 한다. 학교나 집에서 가르칠 수 있는 충동성 완화 방법에 대해 알아보도록 하자.

기다리는 시간 배우기

충동적인 학생에게 가장 중요한 것은 '기다리는 시간'을 배우는 것이다.

충동적인 학생의 대부분은 과제에 무조건 달려든 다음 다 끝마치기도 전에 제출해 버린다. 만일 과제를 제출하기 전에 잠시 생각하는 시간을 갖는다면 학생이 그냥 지나쳤던 문제들에 대한 정답을 알 수 있다.

재확인

수학 시간에 선생님이 항상 검산(double-check)하라고 이야기했던 것을 기억하는가? 부주의한 실수를 저지르기 쉬운 충동적인 학생에게 재확인이란 일의 성공 여부를 결정지을 수 있는 중요한 과정이다. 하지만 모든 일을 재확인하는 습관을 들이기는 매우 힘들며 다른 습관들과 마찬가지로 반복 학습이 필요하다. 반복 학습의 한 방법으로 학생으로 하여금 교사 앞에서 그들의 과제와 해야 할 일들을 구두로 이야기하게 할 수 있다. 또 하나, 학생으로 하여금 일에 대한 '단계'를 정하게 한 다음 만일 문제가 발생하면 어느 단계에서 발생한 것인지 스스로 찾아내고 수정하게 한다.

자기 점검

자기 점검(self-monitoring)은 행동 수정 프로그램의 가장 중요한 구성요소이면서 학생에게 자신의 행동이 적절한 것인지 스스로 점검하게 하면 된다. 자기 점검의 방법은 학생이 자신에게 "내가 지금 올바로 행동하고 있는가?"라고 자문하는 과정을 포함한다. 교사는 학생의 책상 위에 손들고 질문에 대답하기, 손장난 치지 않기와 같은 내용의 항목을 만들어 붙여주도록 한다. 그러면 학생은 책상 위에 기록된 내용들에 따라 학급 규칙을 지켜 나갈 수 있을 것이다.

이 방법은 집에서도 적용 가능하다. 침실 문에다가 아동이 맡은 집안일이라든지 집에서 뛰지 않기와 같은 규칙을 적어 붙여 놓는다면 부모는 아동에게 소리 지르고 야단치는 대신 "가서 네 체크 리스트를 살펴보렴."이라고 말하기만 하면 된다. 이 시점에서 학생은 자기의 행동을 멈추고 자기 점검의 시간을 갖게 된다.

적절한 행동 연습하기

행동은 습득되는 것이다. 전형적으로 인간은 자기 주변인들의 행동을 모방한다. 그러므로 충동적인 학생에게 행동의 본보기를 제공하는 것은 매우 중요하다. 교사는 충동적인 학생이 겪는 일들에 대해 역할 놀이를 시켜 볼 수 있다. 예를 들어 학생에게 놀이터에서 친구들과 의견이 맞지 않을 때 문제를 해결할 수 있는 적절한 방법과 부적절한 행동을 보이게 한 후 어떤 행동이 바람직한지 토론하게 한다. 마지막으로 바람직한 행동의 예를 교사가 직접 제시하고 왜 그렇게 행동해야 하며 어떤 행동이 옳은 것인지 생각하고 판단하는 방법도 알려 준다.

충동성을 긍정적인 면으로 바꾸기

교사나 학부모가 어느 정도의 충동성은 유쾌한 것이고 심지어 필수적이라는 점을 잊고 학생이 완벽해지기만을 바라는 경우가 종종 있다. 우리의 목적은 학생에게 학습하고 사회화하고 인생을 잘 살아갈 수 있는 방법들을 가르쳐 주는 것이지 그들이 되고자 하는 것, 그들이 하고자 하는 것을 무조건 못하게 막는 것이 아니다.

이러한 관점에서 학생의 본성을 긍정적인 방면으로 사용할 수 있도록 하는 것이 중요하다. 충동적인 학생은 유쾌하며 창의적이다. 또한 학급의 어릿광대가 되기도 한다. 하지만 온 세상이 어릿광대를 좋아한다 할지라도 교사는 학생에게 때와 장소에 따라 때로는 유쾌하고 때로는 진지할 줄 아는 방법을 가르쳐야 한다.

ADHD 학생을 돕기 위해 교사나 부모가 충동성 그 자체가 나쁜 것이 아님을 인지해야 한다. 합리적으로 그리고 적절히 사용된다면 충동성은 충분히 재능이 될 수 있다. 당신이 학급 친구들과 집단 활동을 할 때를 잠시 생각해 보자. 뭔가 어려운 과제를 해결해야 할 때 팀에 창의적이고 독창적인 생각들을 제공하던 친구들은 어떤 학생이었는가?

학생에게 스스로의 행동을 점검하게 하는 것과 더불어 교사 자신을 점검해 보라. 충동성을 보이는 학생에게 얼마나 많은 부정적인 말들을 했는가? 반대로 얼마나 긍정적인 이야기를 많이 해 주었는가? 학생에게 부정적인 말을 한 마디 할 때마다 긍정적인 말은 세 마디 해 줄 수 있도록 노력하라. 그들은 충분히 그럴 만한 가치가 있다는 것을 꼭 기억하자.

사례로의 적용

충동적인 학생은 교사와 부모에게 도전적인 태도를 보인다. 그러나 충동성도 장점을 가지고 있다. 충동적인 학생은 창의적이고 에너지가 넘치며 고무적(good spirited)이다. 교육의 목적은 이러한 학생을 다른 사람으로 바꾸어 버리는 것이 아니라 그들이 인생을 성공적으로 살아나갈 수 있도록 돕는 데 있어야 한다.

충동적인 학생이 학습하고 사회에 잘 적응하고 규칙을 잘 지킬 수 있도록 돕는 것은 교사로서 부모로서 당연한 일들이다. 물론 쉽지 않은 일이겠지만 만일 다음 세 가지만 잘 따른다면 충분히 해낼 수 있다. 첫째는, 학생의 부적절한 행동을 유발할 수 있는 환경을 개선해 주는 것이며, 둘째는 학생이 교사가 정해 놓은 규칙들을 어기기 전에 학생을 바로잡을 수 있도록 교육을 강화하는 것이다. 마지막으로 교실 밖으로 나가 인생을 계속 살아가면서 학생 스스로 자신을 통제할 수 있는 방법들을 가르쳐 주어야 한다.

이 장의 처음에 나온 로버트의 이야기를 다시 살펴보자. 로버트가 ADHD라고 생각하는가? 그의 행동을 설명할 수 있는 다른 원인은 없는가? 로버트의 환경을 어떻게 개선시켜 줄 것인가? 교사와 부모가 사용할 수 있는 교육 방법에는 어떤 것들이 있는가? 그에게 어떤 기술들을 가르쳐 줄 것인가?

로버트는 ADHD인가?

당신은 로버트를 ADHD라고 말하겠는가? 만일 그렇다면 어떤 유형이라고 생각하는가? 다음 정보들을 살펴보기로 하자.

무엇보다도 로버트는 ADHD-HI(과잉행동-충동 우세형)로 진단할 수 있는 충분한 징후를 보이고 있다. 첫째, 그는 자리에 가만히 앉아 있지 못하고 여기저기 돌아다니며 잠시도 조용히 있지 못하고 수다스럽게 떠든다. 둘째, 로버트의 행동은 그의 교육적, 사회적 발달에 상당한 악영향을 미친다. 그리고 교실, 운동장, 교회 등 여러 다른 상황에서 똑같은 징후를 계속 보이고 있다. 마지막으로 로버트의 행동은 APA의 ADHD 기준에 부합한다. 그 밖에 여러 가지 정보들이 더 있겠지만 앞의 내용만으로도 로버트를 ADHD로 진단하기 충분하다.

로버트의 행동을 설명할 수 있는 다른 원인은 없는가?

로버트를 ADHD라고 진단 내리기 충분하다 할지라도 그의 행동을 설명할 수 있는 다른 원인들이 존재할 수 있다.

하나의 가능성은 그저 로버트가 제멋대로인 아동일 뿐이라는 것이다. 형제가 없이 혼자 자라서 남과 무언가를 나누는 방법을 모를 수도 있고 부모의 훈육이 부족한 말썽쟁이일 수도 있다. 그럴듯한 원인들이라고 생각하지 않는가?

또 한 가지, 로버트에게 행동장애가 있을 수 있다. 행동장애란 고의적으로 사회적으로 용납되는 행동이나 규칙을 지키지 않는 것을 이야기한다. 제1장에서 이야기했듯이 일반적으로 ADHD 학생은 행동장애를 함께 가지고 있다. 로버트를 ADHD-HI(과잉행동-충동 우세형)나 행동장애가 있다고 판단할 것인가 아니면 둘 다라고 이야기할 것인가?

로버트의 환경을 어떻게 개선시킬 것인가?

환경이 로버트의 행동에 어떤 영향을 미치고 있는지 생각해 보았는가? 그가 다른 학생들을 자꾸 치는 행동을 줄이도록 하려면 어떤 환경 개선이 필요한가?

한 가지 방법을 들자면 로버트와 다른 친구들 사이를 멀리하는 것이다. 로버트의 책상이 다른 친구들의 책상과 너무 붙어 있지 않게 하면서 선생님의 시야에서 벗어나지 않도록 교실 맨 앞쪽에 앉힌다.

로버트가 다른 사람의 물건을 자꾸 가져가는 것을 막기 위해서는 그가 관심을 가질 만할 물건들을 눈에 띄지 않게 하면 된다.

로버트에게 알맞은 교수법에는 어떤 것들이 있는가?

이미 벌을 주고 혼을 내는 것은 로버트에게 아무 소용이 없음을 알고 있으므로 보강 프로그램을 적용하기로 한다. 만일 로버트가 말하기 전에 손을 든다면 그에게 점수를 1점씩 주고, 점심시간 전에 5점을 모으면 컴퓨터를 이용한 교육용 게임을 하게 해 준다. 로버트가 남의 물건에 손을 대지 않는다면 충분히 칭찬한 후 쉬는 시간을 조금 더 연장해 주도록 한다.

로버트에게 어떤 기술을 가르쳐 줄 것인가?

로버트가 자신의 행동을 고치지 않고 어른으로서 제대로 성장할 수 있다고 생각하는가? 직장을 잡고 친구들과의 관계를 유지할 수 있을까? 인생을 성공적으로 살아가기 위해 로버트에게 필요한 것이 무엇이라고 생각하는가?

로버트의 제대로 된 사회화를 위해서는 자기 점검의 방법이 가장 효과적일 수 있다. 교사와 부모는 로버트가 "지금 이 상황에서 나의 행동이 과연 적절한가?" 하고 계속해서 자문할 수 있도록 도와주도록 한다. 계속적인 자기 점검을 거치고 나면 로버트는 손을 들고 자신의 의사를 표현하며 허락을 얻은 후에 다른 사람의 물건을 빌려 쓰게 될 것이다. 자기 점검은 로버트가 무언가를 말하기 전에 한번 생각해 보는 습관을 기르는 데도 도움이 된다.

CHAPTER 04

과잉행동의 개선 방법

이 장의 목표

이 장에서는 다음 질문들에 답한다.

1. 과잉행동의 문제점은 무엇인가?
2. 환경이 과잉행동에 미치는 영향은 무엇인가?
3. 과잉행동에 효과적인 교수 방법은 무엇인가?
4. 과잉행동을 개선하기 위해 필요한 기술에는 어떤 것들이 있는가?

사례 연구 : 프레야

저는 중학교에서 영재반 수업을 맡고 있습니다. 학생 중에는 정말 머리가 좋으면서도 동시에 청각장애나 학습장애 등을 함께 가지고 있는 학생도 있습니다.

그래서 저는 특별한 도움이 필요한 학생을 많이 만나 왔지요. 하지만 프레야처럼 저나 다른 선생님들을 당황하게 만드는 아동은 없었습니다.

프레야는 12세인데 8학년입니다. 2학년에서 4학년으로 건너뛰었죠. 프레야의 IQ는 143이고 대학 수준의 독서를 하며 저조차 이해할 수 없는 수학 문제들을 풀어냅니다. 프레야는 용의 단정하고 에너지가 넘치며 성공하고자 하는 욕망이 큰 학생입니다. 수많은 학회에 참석하면서도 수영이나 테니스, 소프트 볼 등 스포츠도 열심이지요. 정말 대단한 아동입니다.

하지만 그 아동은 영재임에도 불구하고 거의 모든 시험에서 좋은 점수를 얻지 못하고 있습니다. 이 사실들이 프레야를 매우 절망하게 하죠. 또 저를 포함한 모든 선생님들이 프레야가 교재를 완벽히 이해하고 있으며 심지어 더 많은 것을 알고 있음을 압니다. 그래서 더욱 프레야가 말도 안 되는 실수를 하며 답을 빼먹고 안 쓰는 이유가 궁금합니다.

게다가 프레야는 참을성이 대단히 부족합니다. 만일 제가 프레야가 이미 알고 있는 내용에 대해 시간을 조금 더 할애할라치면 책상을 볼펜으로 톡톡 치면서 "빨리 넘어가요."라고 이야기하지요. 친구들에게도 마찬가지입니다. 친구가 와서 이야기를 하고 있으면 중간에 "빨리 요점을 이야기해 봐."라고 말합니다.

프레야의 부모님과 이전 선생님들과도 이야기를 해 보았는데요, 모두들 이와 비슷한 이야기를 합니다. 아동의 아버지는 프레야의 성적이 나쁘고 교우 관계가 좋지 못한 이유가 프레야가 교과 과정과 친구들에게 싫증을 느끼고 지루해하기 때문이라고 생각하고 있습니다. 그래서 프레야에게 더 많은 도전이 되도록 고등학교로 올려 보내야 한다고 주장하고 있지요.

하지만 저는 프레야가 제대로 시험을 치르는 방법을 배우지 않고서는 대학을 가서도 힘이 들 거라 생각을 합니다. 사실 대학 입학시험에서 좋은 점수를 받지 못하면 좋은 학교에 갈 수도 없고요. 게다가 프레야는 자신과 지적 능력이 같지 않은 사람과도 어울리는 방법을 알아야 합니다. 그러나 이러한 것들을 어떻게 가르쳐야 할지 좋은 방법이 떠오르지 않네요.

● **사례연구에 대한 질문**

1. 프레야가 ADHD라고 생각하는가? 설명하라.
2. ADHD가 아니라면 프레야의 행동을 설명할 수 있는 다른 원인에는 어떤 것이 있는가?
3. 프레야의 과잉행동을 완화시키려면 주변 환경을 어떻게 개선하면 되겠는가?
4. 프레야의 과잉행동을 완화시키기 위한 교수법에는 어떤 것들이 있는가?
5. 과잉행동의 완화를 위해 프레야가 직접 할 수 있는 기술들에는 어떤 것이 있는가?

과잉행동의 문제점은 무엇인가?

과잉행동을 보이는 아동은 부주의하거나 정신이 멍한 상태의 아동보다 교사의 노력과 시간을 더 많이 필요로 한다. 그들은 자신을 통제할 수 없으며 여러 복합적인 문제들을 가지고 있고 엄청난 양의 에너지를 발산할 뿐만 아니라 집중력과 사회화에 어려움을 겪기도 한다.

ADHD-HI(과잉행동-충동 우세형) 아동에 대해 생각해 보자. 손가락으로 책상을 톡톡 치고 무릎을 서로 부딪치며 엉덩이를 들썩이는 등 지속적인 움직임을 보일 것이다. 특별한 이유 없이 일어서서 돌아다니고 당신이 하는 이야기에 전혀 집중을 하지 않으며 대화의 주제와 상관없는 여러 이야기들을 두서없이 말하기도 할 것이다.

이러한 학생을 지도하기로 결심했다면 다음 세 가지 사항을 명심해야 한다. 먼저, 과잉행동을 보이는 아동은 충동적인 아동과 마찬가지로 자기 자신을 통제할 수가 없다. 교사는 과잉행동 학생을 억지로 얌전히 앉아 있게 할 수 없다. 그들의 상태는 생리학적인 문제이다. 어떤 이유에서든지 그 아동의 신체는 에너지를 발산하려고만 하며 그 에너지를 마음대로 껐다 켰다 할 수 없으므로 아동이 자신의 에너지를 긍정적이고 생산적인 방법으로 발산할 수 있도록 도와주어야 한다.

둘째로, ADHD-C(혼합형)나 ADHD-HI(과잉행동-충동 우세형) 증상의 학생이 항상 과잉행동을 보이는 것은 아니다. 사실 과잉행동은 지속적인 증상이 아니다. 문장 하나를 다 읽지 못할 정도로 주의력결핍을 보이는 과잉행동 아동이 TV나 비디오 게임을 할 때는 몇 시간이고 한자리에 앉아 있는 모습을 볼 수 있다. 이러한 점을 이해하고 효과적으로 이용하는 것이 학생에게도, 교사에게도 도움이 된다.

셋째로, 충동성과 마찬가지로 과잉행동성도 재능이 될 수 있다. 과잉행동을 보이는 아동은 엄청난 양의 에너지를 가지고 있다. 이러한 에너지를 적절히 잘 이용하면 교사와 부모는 아동의 과잉행동을 생산적인 형태로 바꾸도록 학생을 도울 수 있다.

환경이 과잉행동에 미치는 영향은 무엇인가?

아주 소란스럽고 어지러운 방 안에 갇혀 밀실 공포증(claustrophobic)을 느껴 본 적이 있는가? 그 방에서 빨리 빠져나와야 한다는 강박 관념을 느끼지는 않았는가? 과잉행동을 보이는 사람은 바로 이 같은 느낌을 갖는다. 밀실 공포증과 꼭 같은 느낌은 아니지만 그들은 상황에서 도피하려는 느낌으로 항상 움직이고 끊임없이 이야기한다. 학생의 주변 환경은 과잉행동과 밀접한 관련이 있으므로 학생의 학습을 돕기 위해서는 그들의 환경을 점검하고 개선해 주어야 한다.

조용한 교실 분위기 만들기

어떤 학생을 가르치든 간에 환경은 학습에 도움이 되는 것이어야 한다. 과잉행동을 보이는 학생에게는 조용하고 편안한 분위기의 학습 장소가 필요하다. 편안한 환경을 만드는 방법에는 부드러운 음악이나 바닷소리, 열대우림의 소리, 부드러운 조명, 수족관, 식물 등으로 자극을 줄이고 하늘색이나 초록색 등 안정감 있는 색으로 벽을 칠하는 등 여러 가지가 있다.

교실 정리하기

편안한 환경을 조성하기 위한 또 하나의 방법은 어지러운 주변을 정리하는 것이다. 종이 뭉치나 책 더미를 치우고 책상이나 테이블, 의자 등은 어지럽지 않게 제자리에 잘 놓여 있어야 한다. 학생이 밀실 공포를 느끼지 않도록 충분한 공간을 확보해 주어야 하는 것이다.

이러한 원칙은 집에서도 마찬가지이다. 학생은 침실에서 철저하게 휴식과 안정을 취할 수 있어야 하며, 학생이 긴장을 풀 수 있는 '조용한 공간' 을 마련해 주어야 한다.

두 개의 책상 두기

과잉행동을 보이는 학생들에게 두 개의 책상을 마련해 주는 것도 효과적이다. 이는 두 가지 목적이 있는데 첫째, 학생들이 공부할 수 있는 복수 공간을 제공한다는 것이다. 언뜻 이해가 안 되는 부분일 수도 있으나 과잉행동의 학생들이 다른 방향을 바라보고 앉을 수 있도록, 또는 자신의 자리 말고 다른 곳에서 공부할 수 있도록 허락하면 학생의 시야에 변화를 주게 되어 집중력 향상에 도움이 된다.

둘째로 학생은 두 개의 책상 중 하나를 학용품이나 개인 사물을 두는 곳으로 활용함으로써 나머지 하나의 책상은 깨끗하고 정돈된 학습 공간으로 활용할 수 있게 된다.

활동 공간 만들기

'활동 공간(activity corner)'을 만들어 주는 것도 중요하다. 이는 학생이 독서를 하고 숙제를 할 수 있는 조용한 공간과는 반대되는 개념이다. 활동 공간은 과잉행동성의 학생이 더 이상 가만히 앉아서 무언가를 할 수 없을 때 찾아갈 수 있는 공간이어야 한다. 예를 들어, 방의 일부를 칸막이로 막아 둘로 나눈 다음, 한쪽에서 게임이나 컴퓨터 또는 여러 학습 활동을 하게 하는 것이다.

교실 구조 바꾸기

과잉행동을 보이는 학생은 자신의 주변 환경에 쉽게 싫증을 느낀다. 한때 좋아했던 그림에 관심조차 보이지 않으며 학기 초에는 교실 뒤에 앉는 걸 좋아했다가 학기 중간쯤 되면 더 이상 뒤쪽에 앉으려고 하지 않는다. 이렇게 야기된 싫증이 종종 과잉행동의 원인이 되기도 한다. 학생이 주변 환경에 싫증내는 것을 방지하려면 교실의 구조를 바꾸어 주면 되는데 그렇다고 교실의 모든 물건을 다시 재배치할 필요는 없다. 단지 책상 배열을 바꾸거나 활동 공간의 위치를 바꾸어 주는 것만으로도 학생은 새로운 기분을 느낄 수 있다.

가정에서는 아동의 침실이나 공부방의 구조를 바꾸는 것으로 효과를 볼 수 있다. 게다가 만일 아동에게 스스로 방을 어떻게 바꾸고 싶은지 생각해 보게 하면 더욱 좋다. 학생에게 자신의 방을 그린 후 어떤 가구를 어떤 위치에 놓고 싶은지 그려 보게 하면 된다.

과잉행동에 효과적인 교육 방법은 무엇인가?

수업시간에 깨어 있는 학생이 거의 없는 학급을 지도해 본 일이 있는가? 수업에 전혀 관심이 없고 참여 의사도 없는 학생을 지도하기란 결코 쉬운 일이 아니다. 이러한 관점에서 볼 때, 과잉행동을 긍정적인 방향으로만 이끌 수 있다면 모든 학생이 질문에 답하고 싶어 하고 자기 생각을 표현하려고 하는 적극적이고 역동적인 수업을 진행할 수 있다.

활기찬 수업은 우연히 이루어지는 것이 아니다. 교사의 올바른 지도와 노력이 있어야 한다. 교사는 부적절한 행동을 최소화하고 적절한 행동을 극대화하는 교육 방법을 제시해야 한다.

일어서서 수업받게 하기

수업시간에 학생이 앉아 있어야 하는 이유는 뭘까? 아마도 일어서 있는 학생이 다른 학생이나 교사에게 방해가 되기 때문일 것이다. 하지만 사실 적절한 조치만 취해진다면 수업시간에 일어서 있는 학생은 전혀 문제가 되지 않는다.

자리에 앉아 있기 힘들어하는 과잉행동 학생은 조용히 책상 옆에 서 있게 할 수 있다. 또는 다른 학생의 시선을 막지 않도록 교실 뒤에 서 있도록 할 수도 있다. 이러한 학생을 위해 교실 뒤에 여분의 책상을 두는 것도 한 방법인데 이때 일반 책상보다 조금 높은 제도용 책상을 사용한다면 학생이 뒤에 서 있는 동안에도 수업에 참여할 수 있다. 이렇게 서서 공부하게 하면 몸을 심하게 움직이거나 다른 학생을 방해하는 일도 줄일 수 있다. 서서 공부하는 것이 능률적인 학생을 굳이 자리에 앉힐 필요가 있는가?

책임감 부여

과잉행동을 보이는 학생과 함께 수업하는 가장 좋은 방법은 그들에게 책임감을 부여하는 것이다. 예를 들면, 심부름을 시키거나 시험지를 나누어 주게 한다거나 숙제를 걷어 오게 하는 것이다. 에너지를 긍정적으로 소비

할 수 있는 일이라면 무엇이라도 상관없다.

집에서는 과잉행동 아동에게 개를 산책시키거나 정원을 가꾸는 등 어떤 일에 대해 '책임을 지도록' 하면 된다. 그러나 이러한 일들을 통해 아동 자신이 벌을 받고 있다는 느낌을 갖게 해서는 안 된다. 그러므로 그들이 하고 싶어 하는 일들을 스스로 시작할 수 있도록 하는 것이 중요하다(제9장 참조).

휴식 시간 자주 주기

생각에 집중하기가 힘든 학생에게 자리에 앉아 공부만 하라고 하는 것은 바람직하지 못하다. 만일 학생이 과잉행동으로 인해 수업에 집중할 수가 없다면 휴식을 취하게 하는 편이 훨씬 효과적이다. 이는 다른 모든 학생에게도 마찬가지이다. 아마 당신도 이 책을 읽는 동안 여러 번 휴식을 취했을 것이다.

그러나 휴식 시간을 자주 주는 데는 다음 두 가지 문제가 있다. 하나는, 쉬는 시간이 잦아질수록 수업의 질이 떨어질 수 있다는 점이며 또 다른 하나는 학생이 쉬는 시간을 남용할 수 있다는 것이다.

이러한 문제점을 줄이기 위해 학생에게 쉬는 시간 전에 어느 정도의 과제를 완수해야 함을 명기시키고 수업 시간을 빼먹기 위해 변명 거리를 늘어놓는 것을 받아주어서는 안 된다. 또한 학생이 놓칠 수 있는 수업 내용에 대해서는 보충 자료를 제공해 주어야 한다.

과잉행동을 개선하기 위해 필요한 기술에는 어떤 것들이 있는가?

에너지를 적절히 사용하기 위해 학생이 알아야 할 몇 가지 기술들이 있다. 이러한 기술들은 집중력이 필요한 때에 그들의 에너지를 최소화하면서 동시에 생산적인 것으로 바꾸는 방법들을 포함한다.

에너지의 발산

영화관에서 마치 화장실에 가고 싶은 것처럼 계속 무릎을 떠는 사람 옆에 앉아 본 적이 있는가? 이러한 사람 옆에서는 영화에 집중할 수가 없다.

이처럼 일반 학생도 ADHD-HI(과잉행동-충동 우세형)나 ADHD-C(혼합형)인 학생으로부터 방해를 받을 수 있다. 그러나 앞에서 이야기했듯이 과잉행동 학생은 생리학적으로 에너지를 발산해야만 한다. 그렇다면 주변인들을 방해하지 않는 범위 내에서 그들의 에너지를 발산하게 하려면 어떻게 해야 할까?

한 가지 방법은 과잉행동 학생에게 발가락을 움직이게 하는 것이다. 당신도 한번 시도해 보라. 아마 옆 사람에게 방해가 되지 않는 것은 물론 당신이 발가락을 움직이고 있다는 사실조차 모를 것이다. 학생이 몸을 들썩거리고 싶은 충동을 느낄 때 발가락을 움직이게 해 보자. 장소를 불문하고 옆 사람을 방해하지 않으면서 자신의 에너지는 충분히 발산할 수 있는 좋은 수단이 될 것이다.

물건 만지작거리기

과잉행동을 보이는 학생은 무엇인가를 기다리는 것을 매우 힘들어한다. 갑자기 소리를 지르기도 하고 줄 앞쪽으로 끼어들기도 하며 그들이 원하는 방향으로 일이 되지 않으면 어쩔 줄 몰라 하기도 한다. 이러한 학생의 감정을 차분히 다스리려면 기다리는 동안 할 수 있는 일이 있어야 하는데 손 안에 들어오는 작은 공이나 구슬, 인형 등을 가지고 만지작거리게 하면 효과적이다. 보통 사람도 이러한 행동을 통해 스트레스를 줄일 수 있다.

심리 조작

학생은 기다리는 동안 '심리 조작(mind games)'을 통해 자기 자신을 제어할 수 있다. 예를 들면, 주변의 사람을 둘러보면서 저 사람은 어떤 사람일까, 저 사람의 직업은 무엇일까 하며 상상을 하는 것이다. 이는 학생의 창의력을 발휘하게 하는 데도 아주 좋은 방법이다.

또 다른 심리 조작의 방법은 주변에 있는 사물들의 처음 또는 마지막 철자 맞추기를 해 보는 것이다(pizza의 P 또는 A). 이와 같은 과정은 여러 가지 형태의 심리 조작으로 변형, 적용이 가능하다.

심리 조작은 과잉행동 학생이 집중할 수 있는 대상을 찾을 수 없을 때 아주 효과적이며, 식당에서 줄을 서 있거나 가족과 함께 긴 여행을 떠나는 차 속에서 유용하다.

자기 자신에 대해 알기

학생이 자신의 장점과 단점을 스스로 파악하는 일은 매우 중요하다. 학생은 자신의 학습 유형과 공부가 잘되는 장소, 시간에 대해 알고 있어야 한다. 이는 과잉행동을 보이는 학생에게 특히 중요하다.

과잉행동은 지속적으로 나타나는 것이 아니다. 어떤 학생은 오전 시간에 집중이 잘되는 한편 저녁 시간에 공부가 더 잘되는 학생도 있다. 학습에 최적인 시간을 잘 활용하면 학생의 능률은 향상시키고 욕구 불만과 좌절감은 감소시킬 수 있다.

학생은 또한 자신을 차분하게 해 줄 수 있는 활동과 학습에 동기를 부여하는 활동이 무엇인지 잘 알고 있어야 한다. 운동은 과잉행동을 진정시키는 가장 좋은 수단이다. 뛰고, 수영하고, 자전거를 타는 일은 학습을 방해할지도 모르는 잉여 에너지를 발산해 버리는 데 아주 효과적이다. 매일 운동하는 습관은 학생의 인생에 과잉행동이 미칠 수 있는 악영향을 줄여 줄 수 있다.

덧붙여, 교육 프로그램을 적용하는 데 있어 동기 부여는 매우 중요하다. 자신에 대해 잠시 생각해 보라. 당신에게 동기 부여를 하는 것에는 어떤 것들이 있는가? 만일 내일까지 20쪽의 책을 읽어야 한다면 스스로에게 이렇게 말해 보자. "오늘 저녁 식사 때까지 10쪽을 읽으면 아이스크림을 하나 먹도록 하자." 또는 "정오까지 이 장을 다 읽고 나서 산책을 하거나 TV를 봐야지." 이러한 것들이 바로 동기 부여이다. 학생에게 각자의 동기부여가 되는 것이 무엇인지 찾아보게 하고 그들이 좋아하는 보상도 스스로 정하게 하여 학습 목표를 세우도록 하자.

동시 학습

학생이 과잉행동성을 보일 때, 그들은 자신의 에너지를 동시 학습에 이용할 수 있다. 예를 들어, 과잉행동 학생은 수학 문제를 몇 개 풀고 나서 책을 몇 쪽 읽고 난 다음 몇 분 동안 철자 공부를 한 후 다시 수학 공부를 하는 것이 가능하다. 일부 사람이 30분 동안 같은 운동을 계속하기보다 10분 동안 자전거를 타다가 10분 동안 계단 오르내리기를 한 다음 10분 동안 러닝머신에서 운동하는 것을 좋아하는 이치와 같다. 단, 학생에게 각각의 과제는 반드시 완수해야 함을 명기시켜야 한다.

적극적인 학습

정보를 적극적으로 활용하는 것은 모든 사람에게 효과적인 학습 방법이다. 다시 말하면, 누군가에게서 듣거나 책에서 읽고 알게 되는 것보다 학생 스스로의 행동으로 습득하는 것이 훨씬 좋다는 것이다. 당신이 이 글을 읽으면서 당신의 학생을 생각하고 교육 방법의 적용에 대해 생각한다면 당신은 지금 배움에 적극적으로 참여하고 있는 것이다.

학생에게 역사를 가르칠 때는 시간의 흐름 속에 학생이 있다고 상상하게 하라. 수학을 공부할 때는 머릿속으로 여러 개념들을 주변에 있는 사물이나 현상에 적용시켜 볼 수 있다. 예를 들어 분수와 소수를 서로 전환하는 내용이라면 학생으로 하여금 야구의 타율이나 돈에 대해 생각하게 하자. 배움에 적극적이 되는 것은 평생 배움의 자세에 임하게 되는 첫걸음이다. 당신과 학생이 더 이상 한 교실에 있지 않게 되어도 당신이 여전히 그 학생을 가르치는 효과를 볼 수 있다.

과잉행동성을 재능으로 만들기

당신이 무한한 에너지의 소유자라고 생각해 보자. 하루 종일 달려도 피곤하지 않고 모든 일을 계획보다 앞서서 끝낼 수 있다고 한다면 당신은 그날 해야 할 일을 모두 마치고도 취미 생활을 만끽할 수 있을 것이다. 정말 멋지지 않은가?

이제 ADHD 학생에 대해 생각해 보자. 과잉행동성은 충동성과 마찬가지로 재능이 될 수 있으므로 그들의 에너지를 잘 활용할 수 있는 기술이 필요함도 마찬가지이다. 학생에게도 그들의 에너지를 적절히 사용하면 얼마나 좋은지에 대해 설명해 주도록 하자. 과잉행동을 보이는 미식축구 선수는 보통의 선수들보다 경기에 대한 빠른 반응을 보인다. 자신의 과잉행동을 잘 이용하는 학생은 숙제를 짧은 시간 내에 마치고 친구들과 다른 활동을 하며 어울릴 수 있다. 이것이 그들의 재능이다. 당신은 단지 학생이 재능을 떨칠 수 있도록 도와주기만 하면 된다.

실례로의 적용

과잉행동 학생은 부주의한 학생보다 교사의 훨씬 더 많은 관심을 끈다. 결과적으로 과잉행동성은 부정적인 것으로 생각되기 쉽다. 무엇보다도 대부분의 부모와 교사는 테이블에 기어 올라가고 방 안을 이리저리 뛰어다니는 학생보다는 차라리 멍하게 허공을 응시하고 있더라도 가만히 앉아 있는 학생이 더 낫다고 생각한다. 하지만 이러한 생각은 앞에서 소개된 프레야처럼 과잉행동을 보이는 학생을 잘 교육하고 이끈다면 인생에서 훨씬 성공할 수 있다는 점이 간과된 것이다. 프레야와 같은 경우가 드문 것은 아니다. 학습이나 체육에 영재성을 보이는 많은 학생이 과잉행동성과 같은 ADHD 증후를 함께 보이는 경우가 종종 있다. 때때로 프레야의 에너지는 운동과 같은 활동에는 도움이 되지만 시험 시간에는 역효과를 보이기도 한다. 그럼 이러한 현상이 프레야에게 ADHD 징후가 있음을 말해준다고 볼 수 있는가? 시험에서 좋은 점수를 얻고 에너지를 적절하게 사용하기 위해 환경에 어떤 변화를 주면 될 것인가? 프레야의 과잉행동을 개선하기 위해 어떤 교육 프로그램들을 적용할 것인가? 성공적인 삶을 살기 위해 프레야에게 무엇을 가르쳐 줄 것인가?

프레야는 ADHD인가?

당신은 어떻게 생각하는가? 프레야가 ADHD라고 생각하는가? 프레야가 확실히 많은 에너지를 가지고 있다고는 하지만 쉬지 않고 몸을 움직인다든지 수다스러운 ADHD-HI(과잉행동-충동 우세형)에 해당하는 전형적인 징후를 보이지는 않는다.

가끔 프레야처럼 규칙적으로 운동을 하는 학생이라면 교실에서는 오히려 과잉행동 성향이 덜 나타날 수도 있다. 또한 과잉행동을 보이는 모든 사람이 수다스러운 것은 아니다. 그럼 이제 프레야가 ADHD-HI(과잉행동-충동 우세형)인지 아닌지 판단할 수 있겠는가?

프레야는 충동적이고 참을성이 없으며 다른 사람을 방해하기도 하고 과잉행동을 보이며 무언가를 참고 기다리는 일을 절대 하지 못한다. 게다가 이러한 행동들은 수년간에 걸쳐 꾸준히 나타나고 있다. 가장 중요한 점은 프레야의 과도한 에너지가 학업과 사회생활에 좋지 못한 영향을 미치고 있다는 것이다. 추가적인 정보의 수집을 위해 프레야와 프레야의 부모에게 행동 평가 항목을 작성하게 하자. 만일 프레야가 만성적인 불안과 자신의 감정 조절에 어려움을 겪고 있다면, 그리고 세상에는 '빨리' 또는 '그만' 이라는 두 가지 속도만 존재한다고만 생각하고 있다면 당신은 프레야를 ADHD-HI(과잉행동-충동 우세형)라고 진단 내리기 충분하다.

프레야의 행동을 설명할 수 있는 다른 원인은 없는가?

프레야에게 행동 평가 항목과 그 외 여러 평가지를 작성하게 했다고 하자. 프레야는 자신의 ADHD 증상에 대해 불평을 하지 않지만 여전히 어려움을 겪고 있음이 분명하다. 그럼 이제 어떻게 해야 하는가?

아마 프레야는 과제 수행 불안(text anxiety)을 가지고 있는 것일 수도 있다. 시험 때마다 극도의 불안 상태가 되어 시험을 망치게 되는 것이다. 즉 시험에 집중할 수 없어 실수를 저지르고 계속해서 엉뚱한 답을 쓰는 것이다.

프레야의 인내심과 사회성 부족은 지루한 것을 못 참아 하는 사람과 비교할 수 있다. 그런 사람은 프레야처럼 으스대기 좋아하고 마음속에 있는 것을 직접적으로 말하려는 경향이 있다. 이러한 설명은 단순하게 들릴지 모르나 충분히 가능성이 있다. ADHD 증상을 보이는 모든 사람이 과잉행동을 보이는 것은 아닌 것처럼 과도한 에너지를 가진 사람이 모두 ADHD는 아니다.

프레아의 과잉행동을 개선하기 위해 환경을 어떻게 바꾸어 줄 것인가?

프레아의 ADHD-HI(과잉행동-충동 우세형) 여부를 떠나 시험에 집중할 수 있도록 도와주어야 한다. 이를 위한 한 가지 방법이 환경을 바꾸어 주는 것이다.

일단 프레아를 강당이나 도서관처럼 다른 친구들을 볼 수 없는 곳에서 시험을 보게 한다. 만일 친구들이 보이지 않는다면 프레아는 그들보다 시험을 빨리 끝내야 한다는 중압감을 받지 않고 편안한 상태에서 시험을 치르게 될 것이다.

또한 프레아가 '지루해' 할 때 교실 안의 다른 학습 공간에 앉아 있게 할 수 있다. 즉 프레아가 수업 내용을 다 알고 있다고 생각될 때 교사에게 빨리 수업을 진행하라고 독촉하는 대신 컴퓨터 등을 이용해 자율 학습을 할 수 있도록 해 주는 것이다. 하지만 그럼으로써 놓칠지도 모르는 수업 내용에 대해서는 스스로 책임을 지도록 해야 한다. 학습에 대한 프레아의 재능은 프레아의 필요에 따라 융통성 있게 사용될 수 있어야 한다.

프레아에게 알맞은 교수법에는 어떤 것들이 있는가?

영재성을 보이는 학생뿐만 아니라 ADHD 학생도 종종 다양한 교육 프로그램을 필요로 한다. 과잉행동을 보이는 학생은 특히 수업시간이 길어지면 자리에 앉아 있기가 더욱 힘들어진다. 결과적으로 교사는 이러한 학생을 위해 획기적인 교수법을 개발해야 한다.

만일 당신이 프레야의 선생님이라면 어떤 교수법을 사용하겠는가? 한 가지 유용한 방법은 프레야가 시험 시간에 문제를 다 풀고 나서도 시험지를 바로 제출하지 못하게 하는 것이다. 문제를 다 풀고 나면 프레야에게 시험지를 30분 정도 재검토하게 한다. 이는 실수나 놓친 문제를 잡아내는 데 도움이 된다.

프레야에게는 교사의 수업을 그저 듣기만 하는 것보다는 친구들과 함께하는 활동이 훨씬 효과적이다. 또한 시험보다는 발표 수업, 보고서, 실험 등을 통해 평가할 수 있다.

프레야에게 적용할 수 있는 교수법은 무수히 많다. 만일 더 이상의 방법이 생각나지 않는다면 학생과 어떤 식의 수업 진행이 좋을지 함께 이야기 나누어 보자. 프레야와 같은 학생은 매우 창의적이므로 획기적인 교육 프로그램들이 프레야의 머리에서 쏟아져 나올지 모를 일이다.

프레야에게 어떤 기술을 가르쳐 줄 것인가?

학기가 끝났을 때, 당신이 과연 프레야에게 가르치려고 했던 것들이 무엇이었는지 생각해 보도록 하자.

당신이 진정으로 프레야에게 가르치려고 했던 것 중에 하나는 다른 사람과 함께 잘 어울리는 방법일 것이다. 예를 들면, 프레야가 친구들과 이야기하다가 "요점을 이야기 해."라는 말 대신 할 수 있는 말을 생각해 보게 하는 것이다. 아마 프레야는 친구들과의 대화를 요약하여 결론을 쉽게 이끌 수 있을 것이다.

또한 시험을 잘 보는 방법도 배웠을 것이다. 특히 시험 시간을 잘 분배하고 답을 재검토하여 빠뜨린 문제의 답을 채워 넣으면서 스스로 만족감과 편안함을 느끼게 되었을 것이다.

CHAPTER 05

사회적 기술 증진 방법

이 장의 목표

이 장에서는 다음의 질문에 대해 답한다.

1. 부적절한 사회적 기술로 인하여 어떠한 문제들이 야기될 수 있는가?
2. 환경을 통해 학생들의 사회적 기술 증진을 할 수 있는 전략에는 어떤 것들이 있는가?
3. 학생의 사회적 기술이 증진되도록 어떻게 가르칠 것인가?
4. 사회적 행동을 증진시키는 데 필요한 기술은 무엇인가?

사례 연구 : 레이몬드

레이몬드는 한마디로 '괴짜'라는 단어로 묘사될 수 있는 학생입니다. 특이한 성격을 가진 평균 지능의 16세 소년입니다. 그러나 과도하게 활동적이며 특히 여자 아이들 주변을 맴돌며 부적절한 사회적 행동과 더불어 눈에 띄는 특이한 행동을 자주 하곤 하였습니다.

예를 들어, 레이몬드는 여자 아이들의 가슴을 자신의 손가락으로 찌르면서 '뽕, 뽕' 이라는 소리를 내기도 하였고 상대방의 기분도 고려하지 않고 "너는 살 좀 빼야겠다.", "너는 코만 크지 않았다면, 매우 이뻤을 텐데."라는 말을 함부로 하기도 하였습니다.

결과적으로 레이몬드는 친구가 거의 없었습니다. 더욱이 레이몬드의 몇 안 되는 친구들은 품행이 단정하지 못한 문제가 많은 친구들이었습니다. 특히 그들은 레이몬드가 여자 아이들에게 좋지 않은 행동을 하도록 부추기기도 하였습니다.

교사인 나는 레이몬드를 매일 혼냈습니다. 매번 그는 나에게 나쁜 행동을 하려고 했던 것이 아닌데 자신도 모르게 그렇게 된다고 말하였습니다. 나는 그를 믿지만 매우 걱정이 되었습니다. 레이몬드가 자신의 행동을 통제할 수 없어 매우 심각한 정신병적 문제를 가지게 될까 봐 두려웠습니다. 교사로서 어떻게 해야 할지 걱정이 됩니다.

● 사례 연구에 대한 질문

1. 레이몬드가 주의력결핍 과잉행동장애라고 생각하는가? 설명하라.
2. 레이몬드의 행동을 설명할 수 있는 다른 동반 장애에는 무엇이 있을까?
3. 레이몬드의 행동을 개선시키기 위하여 환경을 어떻게 변화시켜야 할까?
4. 당신이 레이몬드를 가르칠 때 사용할 수 있는 전략에는 어떠한 것들이 있을까?
5. 레이몬드에게 가르쳐 주어야 할 사회적 기술은 어떠한 것이 있을까?

부적절한 사회적 기술로 인하여 어떠한 문제들이 야기될 수 있는가?

잠시 동안 당신의 삶을 생각해 보자. 학교를 잘 다니고 있다고 가정해 보자. 열심히 배워 당신이 원하는 직업을 가지게 될 수 있을 것이다. 당신의 건강은 좋고 모든 것이 더할 나위 없이 좋다. 단 당신이 친구가 없다는 것을 제외하고는. 당신은 행복한 삶을 살고 있다고 말할 수 있겠는가?

성적도 중요하나 친구가 하나도 없다면 당신의 삶이 과연 행복한 것일까? 쉬는 시간에 함께 놀아 줄 친구도 없고 점심도 함께 먹을 친구가 없다면 학교에 가고 싶은 생각이 과연 들 것인가? 안타깝게도 ADHD 아동의 주요 특성 중 하나가 사회적 능력 부족이다.

이러한 문제에 대해서 생각해 보자. 과도하게 말이 많고 당신이 말하는 것에 대해서 전혀 집중하는 것처럼 보이지 않으며 감정적으로 미성숙하고 충동적 행동을 자주 하는 사람과 함께 지내야 한다면 어떨까? 당신의 답도 일반 사람들의 답과 똑같을 것이다. 따라서 ADHD 아동은 자주 외롭고 우울하며 고립감을 느끼며 지낸다.

ADHD 아동들의 사회적 능력을 계발하도록 도우면 행복한 삶을 살 수 있게 할 수가 있다. 건강한 관계는 긍정적인 자아 존중감을 증진시킨다. 좋은 대인관계는 학생들이 위험한 선택을 하지 못하도록 돕는 '안전망'이 될 수 있다. 당신의 삶과 친구에 대해서 잠시 동안 생각을 해 보자. 당신이 안 좋은 상황에 처했을 때 당신의 친구들은 어떻게 당신을 도우려고 하였는가? 아마도 도움이 될 만한 좋은 생각이나 아이디어를 주어 당신을 도우려고 할 것이다. 따라서 부모, 선생님, 친구들은 당신 학생의 삶에서 중요한 교육자가 될 수 있는 것이다.

학생들은 또래들과 긍정적 관계를 필요로 한다. 또한 그들은 친척들과도 좋은 관계가 필요하다. 이러한 관계를 증진시킬 수 있게 ADHD 학생들을 도울 수 있는 몇 가지 방법들이 있다.

환경을 통해 학생들의 사회적 기술 증진을 할 수 있는 전략에는 어떤 것들이 있는가?

당신이 여름 방학에 새로운 지역으로 이사를 갔다고 가정해 보자. 안타깝게도 자녀의 또래 친구들이 그 지역에 별로 살지 않는다면 당신은 자녀를 위하여 또래 친구들을 만들어 주어야겠다고 생각을 하는가? 아마도 그렇지 않을 것이다. 그러나 환경이 아동의 사회적 기술 발달에 큰 역할을 한다는 것을 당신은 알고 있을 것이다.

예를 들어, 새로운 선생님이 매우 엄격한 규칙을 적용하며 통제를 한다고 가정해 보자. 선생님은 줄 맞춰 앉게 하고 결코 집단 활동을 하지 않는다. 주변의 친구들과도 이야기를 할 수가 없다. 이러한 환경에서 당신의 학생이 많은 친구들을 사귈 수 있다고 생각하는가?

모둠 수업으로 사회적 상호작용을 증진시키기

교실 환경을 개선시키는 방법은 책상 구조를 모둠으로 바꾸어 사회적 기술을 증진시키는 것이다. 예를 들어, 학생들의 책상을 한 줄로 나열하는 대신 짝을 지어 마주 보게 앉거나 4명씩 무리를 지어 책상 배치를 하는 것이다. 이러한 배치는 학생들 간의 상호작용이 증진되게 도울 것이다. 그러나 이러한 교실 배치로 인하여 조금 시끄러워질 수 있고 부주의한 학생들이 집중을 하는 데 어려움을 줄 수도 있다.

따라서 이러한 방법의 개선점은 다양한 배치를 하도록 하는 것이다. 학생들은 때로는 줄을 지어 수업을 받다가 어느 날에는 모둠으로 배치하여 수업을 받게 하는 것이다. 이러한 방법은 사회화 기회도 제공하고 집중을 하여 수업 진행을 할 때는 통제도 할 수 있다.

자리 배정을 자주 바꾸기

사회적 상호작용을 증진시키는 또 다른 방법은 정기적으로 자리를 바꾸는 것이다. 이러한 방법은 다른 학생들을 만날 수 있는 기회를 줄 것이다. 예를 들어, 당신은 학교생활 동안 매일 같은 자리에 앉았던 적이 있는가? 아마 당신은 앞과 뒤, 옆에 있는 친구들을 모두 잘 알 것이다. 그러나 아마도 주변이 아닌 교실의 먼 곳에 있는 다른 학생들과는 상호작용을 하지 못하게 된다. 자리를 다양하게 배치하는 것은 ADHD 학생들이 새로운 친구를 사귀는 데 도움이 될 것이다.

부정적 영향을 주는 상호작용 제한하기

선생님이 자리를 자주 바꾼다면 때로는 문제아들끼리 짝이 되는 경우의 위험을 무릅써야 할 때도 있다. 이것은 사실이다. 때로는 긍정적인 상호작용 기술을 증진시키기 위해서 부정적 영향을 제한시켜 주어야 한다. 예를 들어, 친구들을 괴롭히고 놀리는 학생이 있다면 선생님은 친구가 없는 수줍음 많은 학생을 짝으로 배치해서는 안 된다. 반대로 친절하고 다른 친구를 도와주려고 하는 친사회적 아동을 함께 배치하는 것이 좋다. 그들은 ADHD 아동에게는 완벽하게 좋은 친구가 될 수 있을 것이다.

사회적 기술을 가르쳐 주는 지침 포스터 배치

교실과 아동의 침실에 사회적 기술을 가르쳐 주는 내용의 포스터를 벽에 걸어 주도록 한다. 포스터에는 문구나 간단한 단어로 지켜야 할 학생의 목표를 알려 줄 수 있다. 예를 들면 "토의하라, 싸우지 말고.", "감사하다고 말하는 것을 기억하자." 등이다. 아동이 좋은 사회적 기술을 배울 수 있도록 정기적으로 부모와 선생님은 포스터를 바꾸어 걸어 주도록 한다.

환경으로부터 고립되게 만드는 자극 없애기

아동이 사회적 기술을 배울 수 있게 도와주는 또 다른 방법은 아동이 환경으로부터 고립되게 만드는 자극을 없애도록 하는 것이다. 예를 들어, 아동이 밤에 한두 시간 텔레비전을 보도록 허락하려면, 부모는 다른 아동과 함께 놀기와 같은 약속을 하도록 한다. 더욱이 아동이 다른 친구들과 놀려고 하지 않는다면 부모는 비디오 게임을 하지 못하도록 하고 오직 비디오 게임은 교육적 목적을 위해서만 사용하도록 한다.

학생의 사회적 기술이 증진되도록 어떻게 가르칠 것인가?

환경을 변화시키는 것은 아동의 사회적 기술이 발달하도록 돕는 데 좋은 방법이나 그것은 단지 시작일 뿐이다. 지금부터 긍정적인 상호작용을 증진시키는 데 도움이 되는 전략을 살펴보자.

사회적 지지망을 구축하게 하라

긍정적인 사회적 관계를 가질 수 있도록 아동을 돕는 방법은 사회적 지지망을 구축하게 하는 것이다. 다시 말해서, 친구들을 만들 수 있게 돕는 것이다. 그러나 '친구 사귀기' 놀이는 아동에게 어려울 수 있다.

즉 이러한 친구 사귀는 시도로 인하여 ADHD 학생들은 좌절과 속상함을 느낄 수가 있다. 예를 들어, 당신의 친구들이 미팅과 같이 다른 사람과의 만남을 주선해 준 경험이 있는가? 미팅과 같은 새로운 사람과의 만남을 당신 혼자서는 할 수 없다는 것을 느낀 적이 있을 것이다. 이와 마찬가지로 당신의 학생들도 아마 혼자서는 친구를 만들 수 없다고 생각하고 있을 것이다.

친구를 사귈 수 있게 돕는 가장 쉬운 방법은 다른 학생들과 함께 숙제를 하도록 하는 것이다. 즉 그룹을 결성해 주면 학생들은 자신이 혼자인 것처럼 느끼지 않을 수 있다. 더욱이 당신이 학생의 관심 있는 것과 관심 없는 것을 잘 안다면, 비슷한 관심을 가진 학생끼리 함께 그룹을 만들어 줄 수도 있다.

또한 운동 동호회나 클럽 활동에 학생이 참여하도록 권유하는 것도 학생에게 도움이 될 수 있다. 소프트볼 대회, 교회 활동과 같은 활동을 통하여 친구를 만들 수 있는 많은 기회를 가지도록 돕는 것이다. 이렇게 하여 비슷한 관심을 가진 학생들끼리 서로 만날 수 있는 것이다.

사회적 발달을 할 수 있는 기회를 주도록 하라

긍정적인 상호작용을 증진시킬 수 있는 또 다른 방법은 아동에게 상호작용을 할 수 있을 만한 기회를 구조화하여 제공해 주는 것이다. 예를 들어, 교실에서 팀을 짜 주어 프로젝트를 할 수 있는 기회를 주도록 한다. 또한 현재 문제에 대하여 토론하고 논의할 수 있도록 한다. 사회적 상호작용을 증진시킬 수 있게 부모님들이 도울 수 있는 방법은 아동이 스포츠 팀, 클럽이나 파티에 참여할 수 있게 하는 것이다.

학생에게 리더의 역할을 주기

리더가 될 수 있는 기회를 학생에게 주면 세 가지의 사회적 기술을 배우게 된다. 첫 번째, 학생들이 다른 사람들과 의사소통을 원활히 하는 방법을 배우게 된다. 프로젝트에서 수줍음 많은 아동이나 ADHD 아동이 리더가 되면 그들은 팀의 일원들과 상호작용을 하게 될 것이다. 그러나 중요한 점은 적절하게 긍정적으로 상호작용을 하고 있는지 모니터를 하고 나중에는 모니터한 것에 대해서 논의하게 해야 한다.

두 번째, 리더가 될 수 있는 기회를 학생에게 주면 학생들은 후에 비판적 사고기술을 배우게 될 것이다. 그들은 자신이 맡은 업무를 분석해야만 하고 의견에 동의하지 않는 사람들과 함께 결정해야만 하기 때문이다.

세 번째, 리더가 되는 기회가 주어지면 자아존중감과 자신감이 생기게 될 것이다. 종종 학생들은 다른 사람들과 함께하는 것을 두려워하고 예민해하기 때문에 사회화되지 않을 수 있다. 자아존중감을 증진시키는 것은 긍정적인 사회성 발달을 촉진시키는 데 중요하며, 꼭 필요하다.

피드백을 주도록 하라

학생들에게 리더십 역할을 주는 것이 항상 아동의 사회적 기술 능력을 키우게 돕는 것만은 아니다. 리더가 지나치게 두목 행세를 하려고 한다거나 공동 작업을 하기에 힘이 드는 성향이라면, 아마도 리더가 되고 난 후 프로젝트를 이끌어 나가기 어렵거나 두목 행세를 하려고 할 것이다. 그들에게 리더의 경험을 주는 동시에 또한 사회적 기술을 배울 수 있는 기회를 주도록 해야 한다.

학생들에게는 피드백을 주는 것이 필요하다. 그들이 적절하게 행동하는 방법을 안다면 처음부터 그렇게 했을 것이다. 학생들에게 옳은 행동과 잘못된 행동, 그리고 작업을 함에 있어서 필요한 행동들에 대해서 알려 주도록 한다. 비디오카메라를 사용하는 것은 이러한 과정을 보여 주는 데 유용하게 사용될 것이다.

예를 들어, 리더의 역할을 주었을 때 학생이 수행하는 모습을 비디오 촬영하도록 한다. 그러고 나서 프로젝트가 끝나면 학생들과 함께 비디오를 보도록 한다. 학생들에게 적절한 행동에 대해서 묻고 향상된 점에 대해서 질문하도록 한다. 리더가 다시 된다면 개선되어야 할 행동에 대해서 질문을 하도록 한다. 효과적으로 상호작용하는 전략도 알려 주도록 한다. 또한 집단 구성원들에게 리더 역할을 한 친구에 대한 평가를 하도록 할 수도 있다. 중요한 점은 모든 학생들이 리더가 되거나 집단원이 되는 등의 경험을 할 수 있게 하는 것이다. 때로는 가장 좋은 리더가 숙련된 집단원일 수도 있다.

나이가 많은 학생들과 함께 작업시키기

사람들은 주변 사람들의 행동을 따라 하려고 한다는 것을 알고 있는가? 예를 들어, 당신이 친구들과 흥청망청하는 바에 갔다면 당신은 거친 행동을 할 수도 있을 것이다. 그러나 당신이 친구들과 분위기 있는 식당을 간다면 아마도 고상하거나 위엄을 갖춘 행동을 하게 될 것이다.

학생이 미성숙하고 부적절한 행동을 한다면, 사회적 기술을 가르치기 위한 전략으로 존경할 만하고 성숙된 나이 많은 학생과 짝을 지어 주도록 한다. 종종 고등학교에서는 도움이 필요한 초등학교, 중학교 학생들을 지도하게 하는 프로그램을 실시하기도 한다. 심지어 이런 프로그램은 고등학교 내에서 가장 높은 학년의 학생들과 신입생들을 짝을 지어 주거나 가장 높은 학년의 고등학생들과 교생과 같은 대학생들과 짝을 지어 실시하기도 한다.

또한 이러한 프로그램을 공동체를 토대로 실시하는 방법도 있다. 'Big Brothers', 'Big Sisters', 'Buddies'가 이러한 경우에 해당되는 것이다. 당신의 공동체에서 비슷한 프로그램이 없다면 아마도 학생들의 부모님들과 의논하여 교회 공동체, 공원 구역에서 실시해 볼 수 있을 것이다.

적절한 상호작용 모델

교사, 부모, 형제자매, 나이가 많은 선배들은 학생들의 좋은 모델이 될 수가 있다. 그러므로 적절하고 올바른 상호작용 모델을 학생들에게 보여 주는 것은 매우 중요하다. 예를 들어, 의견 불일치로 싸우는 모습을 학생들에게 보여 주면 아마도 학생들은 그러한 상황에서는 싸워야만 한다고 생각할 것이다. 따라서 의견이 불일치하는 상황 속에서 원만하게 타협하는 모습을 학생들에게 보여 주는 것이 필요하다고 할 수 있다.

학생의 부모와 가족 구성원들도 적절한 사회적 상호작용 기술 모델이 될 수 있다. 저녁 시간에 반드시 대화를 하여, 그들의 아이들이 대화에 참여하도록 격려하고 다양한 주제에 대하여 그들의 생각을 이야기해 보게 하는 것이다. 이런 방식 속에서 많은 사람들이 ADHD 학생들의 좋은 행동 모델이 될 수가 있다.

사회적 기술을 다양한 환경에서 배우고 적용하게 하기

사회적 기술은 모든 환경에서 사용된다—운동장, 교실, 스쿨버스 안, 점심시간, 복도, 쇼핑몰, 집, 공동체 등등. 그러므로 학생들에게 수많은 환경에서의 사회적 기술을 가르쳐야만 한다. 예를 들어, 학생의 개별화된 교육계획을 짜서 집이나 학교 교실에서 긍정적인 사회적 기술을 보였을 때 보상을 주도록 하는 방법을 고안하도록 한다. 학생들은 토큰이나 간단한 칭찬과 같은 보상물을 받을 수 있다. 점심시간을 모니터하는 분, 버스 기사 아저씨, 운동장 감독관 등을 이러한 계획에 참여시킬 수 있다. 학생들이 교실이나 집 이외의 다른 장소에서도 사회적 시술을 배우고 적용하게 할 수 있을 것이다.

질적인 시간 계획하기

긍정적인 사회적 관계를 발달시키기 위하여 사람들과 함께 보낼 시간이 필요하다. 상호작용 없이는 관계도 없을 것이다. 이러한 생각들은 가족 구성원과 '특별한 시간' 을 가지도록 돕는 데 유용하다.

예를 들어, 일주일에 한 번 정도는 운동, 야간 산책, 보드게임과 같은 가족 활동을 하도록 시간 계획을 짜는 것이다. 아마도 이러한 활동은 친구들과 함께 놀이를 할 때에도 할 수 있을 것이다. 특별 시간에 학생이 하기 원하는 것을 선택하도록 한다. 그래서 학생이 어느 정도의 활동을 통제할 수 있게 하는 것이다.

사회적 행동을 증진시키는 데 필요한 기술은 무엇인가?

학생들의 환경을 변화시키고 사회적 기술을 많이 가르쳐 주는 것은 좋은 시작이나 이러한 것이 다는 아니다. 학생을 돕기 위해서는 일생 동안 해야 할 기술을 가르쳐야 할 것이다. ADHD 아동의 사회적 기술을 가르치는 데 도움이 될 수 있는 참고자료들은 많이 있다. 아래에 나와 있는 것들이 사회적 기술을 가르치는 데 도움이 될 수 있는 참고자료이지만 이것만으로 충분하지는 않다.

- Adelman, H. S., and L. Taylor. "Enhancing the Motivation and Skills Needed to Overcome Interpersonal Problems." *Learning Disability Quarterly* 5 (1982): 438-45.
- Blackbourn, J. M. "Acquisition and Generalization of Social Skills in Elementary-Aged Children with Learning Disabilities." *Journal of Learning Disabilities* 22, (1989): 28-34.
- Camp, B. W., and M. A. Bash. *Think Aloud.* (Champaign, Ill.: Research Press, 1985).
- Center, D. B. *Curriculum and Teaching Strategies for Students with Behavioral Disorders.* (Englewood Cliffs, N. J.: Prentice Hall, 1989).
- Fister, S., and K. Kemp. *Social Skills Survival Kit.* (Longmont, Colo.: Sopris West, 1994).
- Goldstein, A. P., R. P. Sprafkin, N. J. Gershaw, and P. Klein. *Skillstreaming the Adolescent: A Structured Approach to Teaching Prosocial Skills.* (Champaign, Ill.: Research Press, 1980).
- Hamlett, K. W., D. S. Pelligrini, and C. K. Conners. "An Intervention of Executive Processes in the Problem-Solving of Attention Deficit Disorder Hyperactive Children." *Journal of Pediatric Psychology* 12 (1987): 227-40.
- Higgins, P. *ASSIST Program.* (Longmont, Colo.: Sopris West, 1993).

- Hinshaw, S. P., B. N. Henker, and C. K. Whalen. "Self-Control in Hyperactive Boys in Anger-Inducing Situations: Comparative and Combined Effects." *Journal of Consulting and Clinical Psychology* 52 (1984): 739-49.
- Martin, J. E., and L. H. Marshall. "ChoiceMaker: A Comprehensive Self-Determination Transition Program." *Intervention in School and Clinic* 30, no. 3 (1995): 147-56.
- Schultze, K. A., S. Rule, and M. S. Innocenti. "Coincidental Teaching: Parents Promoting Social Skills at Home." *Teaching Exceptional Children* 21, no. 2 (1989): 24-27.
- Schumaker, J. B., J. S. Hazel, and C. S. Pederson. *Social Skills for Daily Living.* (Circle Pines, Minn.: American Guidance Service, 1988).
- Stephens, T. M. *From Social Skills in the Classroom.* (Columbus, Oh.: Cedar Press, 1978).
- Walker, H. M. *The Walker Social Skills Curriculum: The ACCEPTS Program.* (Austin, Tex.: PRO-ED, 1988).
- Walker, H. M., G. Colvin, and E. Ramsey. *Antisocial Behavior in Schools: Strategies and Best Practices.* (Pacific Grove, Calif.: Brooks/Cole, 1995).

이러한 것들 외에도 유용한 사회적 기술을 학생들에게 가르칠 수 있는 몇 가지 간단한 전략들이 있을 수 있다. 예를 들어, 당신은 그들에게 우정을 어떻게 만들고 유지하는지, 자신의 감정을 어떻게 통제하는지, 관계의 갈등을 어떻게 해결해 나가는지 등을 가르칠 필요가 있다. 이러한 전략들은 집, 학교, 공동체에서 사용될 수 있을 것이다.

이름 기억하기

함께하는 자리에서 누군가가 이름을 알려 주었는데 상대방의 이름을 듣자마자 까먹었던 경험이 있는가? 데이트 상황에서 내 이름이 아닌 다른 이름을 데이트 상대자가 부른다면 기분이 어떨까? 그 사람과 다시 만나게 될까?

누군가의 이름을 외운다는 것은 관계를 발전시키는 첫 단계이다. 운이 나쁘게도, 과잉활동적이고 부주의한 사람들은 누군가의 이름을 기억하는 것이 어려울 수가 있다. 그들이 사람들의 이름을 기억하는 전략을 배우고 알게 된다면, 아마도 사람들과의 긍정적인 관계를 발전시키게 될 것이다.

사람들의 이름을 기억하는 방법은 그 사람의 특성과 이름을 연결시키는 것이다. 예를 들어, Rudy라는 이름을 가진 사람이 빨간 머리카락을 가지고 있다면, 'Rudy'와 'Red'를 연결하여 이름을 외울 수 있을 것이다. 또는 Al이라는 사람이 키가 크다면, Al을 t-AL-l의 한 부분으로 기억 할 수도 있다. 이러한 전략을 자신의 이름에 사용해 보도록 한다.

사람들의 이름을 기억하는 또 다른 방법은 상대방이 자신의 이름을 말한 후에 상대방의 이름을 반복하는 것이다. 예를 들어, 누군가에게 말하도록 한다. "나의 이름은 수지야."라고 한다면 "만나서 반가워 수지야."라고 하면서 이름이 외워질 때까지 스스로 그녀의 이름을 반복할 수가 있다.

말하기 전에 생각하기

학생들에게 가르쳐야 할 또 다른 방법은 말하기 전에 생각하게 하는 것이다. 충동적이고 과잉활동적인 학생은 행동보다는 더욱더 쉽게 말하는 것을 볼 수가 있다. 그러나 이러한 능력을 발달시키는 것은 가능하다.

학생이 말하기를 원하는 것에 대하여 생각해 보도록 신호를 주어 도울 수가 있다. 또한 주어진 상황에 학생이 말하려고 하는 것이 적절한 것인지를 물어보도록 한다. 특히 이것은 친구들과 대화를 할 때에도 사용할 수 있는 효과적인 전략이다.

사람들에게 질문하기

자신의 이야기만 하는 사람들을 만나 본 적이 있는가? 그런 사람들과 다시 만나기를 원하겠는가? 안타깝게도 독점적 대화를 하려고 하는 사람은 사회적으로 미성숙한 사람이다. 당신은 학생들에게 질문을 하는 방법을 가르치도록 해야 한다.

질문하기를 가르치는 방법은 여러 가지가 있다. 예를 들어, 당신은 상호작용 역할극을 할 수 있고 대화를 계속해 나가게 할 수 있는 적당한 질문 방법을 알려 주도록 한다. 또한 대화하는 것을 촬영한 비디오테이프를 보거나 상대방에게 물어볼 질문들을 브레인스토밍해 볼 수도 있다.

대화를 요약해 보기

다른 사람들이 말한 것을 종종 놓치는 부주의한 학생들은 대화를 함에 있어서 피상적일 수 있다. 대화하는 동안 집중할 수 있게 하는 요령은 상대방이 말한 것의 요점을 반복하는 것이다. 이것은 관련 없는 정보를 여과하도록 도울 수 있다.

상대방의 비언어를 인식하기

ADHD 학생들은 종종 타인의 감정을 인식하지 못한다. 예를 들어, 경청하는 사람들이 시계를 보거나 하품을 하는 것과 같이 지루함을 보여도 그들은 계속 이야기를 할 것이다. 즉 이러한 신호를 올바르게 인식하고 해석하는 것은 성공적인 의사소통에 매우 중요하다.

비언어를 가르치는 방법은 역할극이나 사람들의 상호작용 테이프를 보는 것이다. 또한 점심이나 휴식 시간 동안 당신의 학생이 다른 학생을 관찰하게 하는 것이다. 이외에도 방과 후에 백화점이나 가게와 같은 곳에 방문하게 한다. 물건을 사는 사람들의 얼굴이나 비싼 옷을 보는 사람들의 몸짓 언어를 관찰하게 하도록 한다.

비언어적 의사소통을 인식하기

일단 비언어적, 즉 보디랭귀지를 학생들이 이해한다면, 자신의 보디랭귀지를 살펴보게 하도록 한다. 이러한 전략을 위해 비디오카메라를 이용해 볼 수도 있다. 즉 어떤 장소에서 부적절한 몸짓을 한다면, 그들이 어떠한 몸짓을 하고 있는지를 살펴보게 하도록 한다. 그리고 나서 학생의 그러한 몸짓이 다른 사람들에게 어떠한 피해를 주는지를 알 수 있게 교사가 도와주는 것이 필요하다.

사례로의 적용

영화 〈Harvey〉를 본 적이 있는가? Jimmy Stewart가 연기한 주인공은 술을 사랑하는 사람이다. 그의 최고의 친구는 눈에 보이지 않는 Harvey라는 이름의 토끼다. 영화를 보는 모든 사람들은 Jimmy Stewart가 연기하는 주인공은 올바르게 변화되어야 한다는 것과 토끼 Harvey는 실생활에 존재하지 않는 상상 속의 역할이라는 것을 알게 된다. Jimmy Stewart는 "너도 알다시피, 일단 이 세상에서 성공적인 삶을 살기 위해서는 똑똑하거나 유쾌해야 해. 글쎄, 나는 오랫동안 똑똑했고 인품도 좋았어. 하지만 나는 유쾌하게 되길 더욱 바라."

이 대사는 매우 정곡을 찌르는 대사이고 이 대사를 학생들에게 적용하는 것이다. 당신의 학생들이 똑똑하지만 사회적으로 부적응인 것과 사회적으로는 유능하나 지적으로 부족하다면 어떠한 것이 좋을까? 생각해 보도록 하라. 어떠한 것이 더 중요할까? 똑똑함 또는 사회적 기술?

매우 지적임에도 불구하고 적절한 사회적 기술 없이는 풍성한 삶을 살아나갈 수 없다. 예를 들어 지식은 전문가가 될 수 있게 한다. 당신은 암을 고칠 수 있고, 많은 돈을 벌 수 있고, 아름다운 보석을 가질 수 있다. 그러나 이러한 것을 나눌 수 있는 친구가 없다면 인생은 공허할 것이다. 비틀즈는 "돈으로 사람을 살 수 없다."라고 말했다.

명백하게도 인지적 지능과 사회적 지능 사이에 어느 정도의 균형이 있어야 한다. 이러한 균형은 지도하는 교사에게 달려 있고 개별 교육 프로그램 팀이 결정짓게 된다. 그러나 ADHD 아동을 지도할 때에는 학업적 지식이 아니라 사회적 기술을 가르치는 것이 중요함을 명심해야 한다.

예를 들어, 레이몬드의 사례에서도 명백한 것은 레이몬드는 학업적으로 충분히 잘하였으나 사회적으로 엉망이었다. 여자 아이들과 적절하게 상호작용을 하는 방법을 배우지 않으면 그의 삶이 어떻게 될지 상상해 볼 수 있겠는가? 그는 사회적 추방자가 될 것이다. 그는 친구가 없게 되고 특히 여자 친구가 없게 될 것이다. 그가 여자의 가슴을 계속 만진다면 그는 아마 성 범죄자로 체포될 수도 있을 것이다. 레이몬드의 사회적 기술을 발달시키는 것은 학업을 배우게 하는 것보다 더 중요하다.

레이몬드 행동 뒤에는 무엇이 있을 것인가? ADHD인가? 부적절하게 행동하는 데 다른 원인이 있는가? 적절한 사회적 행동을 배울 수 있게 하기 위해서 환경을 어떻게 구조화할 것인가? 사회적 기술을 가르칠 수 있는 전략은 무엇인가? 결과적으로 당신이 그에게 가르쳐 줄 기술은 무엇인가?

레이몬드는 ADHD일까?

레이몬드는 어떠한가? ADHD인가? 그렇다면 어떤 유형인가?

살펴보도록 하자. 레이몬드의 선생님은 레이몬드가 '부주의', '과잉활동' 적이라고 하였다. 더욱이 그의 사회적 기술은 충동적으로 보였다. 그의 마음이 어떤지 몰라도 그렇게 행동하였다. 더욱이 이러한 증상은 그의 삶을 불행하게 만들었다. 증상들은 아동기 때부터 시작되었고, 레이몬드는 ADHD-C 유형으로 진단을 받았다. 그러나 확실히 실제 진단을 위해서는 결정적인 많은 증거가 필요하다.

레이몬드 행동을 설명할 수 있는 다른 것들은 없을까?

레이몬드가 ADHD-C 유형이 아니라고 가정해 보자. 그의 행동에 원인이 될 수 있는 것이 있는가? 몇 가지 가능성이 있다.

무엇보다도 레이몬드는 술을 먹거나 약물을 복용했을 수도 있다. 술에 취한 사람은 레이몬드처럼 충동을 통제하기 어렵다. 더욱이 사람들은 술을 먹지 않았을 때는 충동적이지 않았다고 말한다. 산만함과 과잉활동은 코카인과 같은 자극제가 원인이 될 수도 있다. 레이몬드의 행동은 약과 술로도 설명될 수 있을 것이다.

또한 레이몬드의 행동은 정신분열증과 같은 다양한 정신병으로도 설명될 수가 있다. 이러한 병은 망상이 특징이고 레이몬드가 부적절한 행동을 하게 할 수 있다. 예를 들어 레이몬드가 여자의 가슴을 만지라고 말하는 누군가의 목소리를 듣거나 모든 여자가 그와 사랑에 빠졌다고 믿을 수가 있다. 이러한 병은 계속 진행되거나 간헐적으로 나타나거나 하고 사춘기에 발병하는 경우가 많다. 이러한 점이 레이몬드의 사례에도 적용될 수가 있다.

ADHD가 아닌 사회적으로 미성숙한 십대 남자 아동으로도 설명될 수가 있다. 당신이 아는 십대를 생각해 보자. 십대 때 자신의 모습을 생각해 보도록 하자. 때로는 이성에게 어떻게 행동해야 하는지 모를 수가 있다. 그 결과 그들은 엉뚱한 행동을 하게 되는 것이다.

레이몬드의 환경을 어떻게 변화시킬 것인가?

사회적으로 부적절한 행동을 한 것에 대하여 교사는 어떠한 조취를 취해야만 한다. 원인이 무엇이든 간에 허락 없이 누군가의 몸을 만지는 것은 용납되어서는 안 되는 것이다. 환경을 변화시키는 것은 어느 정도의 문제를 막는 데 도움을 줄 수가 있다.

레이몬드의 급한 기질과 생각 없이 말하는 것을 고치기 위하여 교사는 여러 가지 방법을 사용할 수가 있다. 예를 들어, 당신은 레이몬드가 부적절한 행동을 하도록 나쁜 영향을 주는 친구들과 떨어져 앉게 자리 배정을 할 수 있다. 또한 레이몬드 근처에 차분하고 행동이 올바른 학생을 배치하도록 한다.

이러한 전략들로 세 가지 이점을 줄 수 있다. 첫째, 나쁜 영향을 주는 친구들로부터 떨어지면 부적절한 행동을 덜 하게 될 것이다. 두 번째, 그 주변에 남자 친구들을 앉게 하면 그는 여자 친구들을 더 이상 만질 수가 없을 것이다. 결과적으로 남자 학생들은 적절한 행동의 본보기가 될 수 있다.

레이몬드에게 가르칠 수 있는 전략은 무엇인가?

레이몬드에게 사회적 기술을 어떻게 가르칠 것인가? 교사는 강의를 하거나 비디오를 보여 줄 수 있다. 아마도 다양한 상황의 역할극도 할 수 있고 워크북을 사용하거나 특별한 사회성 수업 진행을 할 수도 있다. 이러한 것은 전략적 수단이 될 수 있으나 별개의 것으로 간주될 수도 있다.

때로 최고의 선생님은 교실 앞에 서 있는 어른이 아니라 칠판을 응시하고 있는 학생일 수도 있다. 레이몬드의 사회적 기술이 향상되길 원한다면 적당한 행동이 무엇이고 적당하지 못한 행동이 무엇인지를 알 수 있게 도와야 한다.

이렇게 하는 한 가지 방법으로 레이몬드는 나이가 많은 고등학교 여학생들의 모임에 참석하는 것이다. 이러한 학생들이 일주일에 한 번씩 여자들을 어떻게 대해야 하는지 매너 방법들을 논의하는 것이다. 예를 들어 그들은 레이몬드가 여자의 몸을 만지거나 모욕하는 말을 하지 않고 여자들에게 어떻게 접근하는지를 알 수 있게 도울 수가 있을 것이다.

더욱이 이러한 전략에 보상체제를 사용할 수도 있다. 예를 들어 레이몬드가 사회적으로 부적절한 행동 없이 일주일을 보낸다면 여학생과 만나도록 허락받을 수가 있을 것이다. 전략을 가르치고 그것을 강화시키는 것이다.

레이몬드에게 가르쳐 줄 기술은 무엇인가?

교사는 수학, 영어, 다른 과목 이외에도 사회적 기술을 가르칠 필요가 있다. 예를 들어, 당신은 초기에 대화를 어떻게 하고 유지시킬지, 주도하려고만 하지 않고 대화에 어떻게 참여할지를 학생들에게 가르치는 것이다. 레이몬드의 경우에 가르칠 수 있는 기술은 무엇인가?

자기 자신을 모니터하게 할 필요가 있다. 레이몬드는 사실 말하기 전에 그가 말하길 원하는 것이 무엇인지를 생각하게 해야만 한다. 또한 다른 사람들의 감정을 이해할 필요가 있다. 아마도 그가 다른 사람의 관점을 이해한다면, "너는 질 것 같아."와 같은 상대방의 마음을 상하게 하는 부정적인 말들은 삼가게 될 것이다.

CHAPTER 06

ADHD 아동을 위한 전략

이 장의 목표

이 장에서는 다음의 문제에 대해 답한다.

1. 아동기 동안 ADHD의 증상은 어떠한가?
2. ADHD 아동의 부모에게 도움이 되는 전략에는 어떠한 것들이 있는가?
3. ADHD 아동을 어떻게 지도할 것인가?

사례 연구 : 바비

바비는 유치원에서 적응을 하지 못하여 퇴출이 된 5세 소년입니다. 이러한 사실은 우리에게 행복한 결정은 아니었습니다. 바비는 바로 앉아 있지 못하고 지시를 따르지 않고, 고의적으로 물건을 부수고, 교사에게 대들며 또래와 교사들에게 신체적 공격을 하기도 하였습니다.

우리는 바비의 부모님과 여러 차례 만났으나 그들도 이러한 상황에 어쩔 수가 없었습니다. 바비의 아버지는 성공한 의사로 바비가 멋지고 훌륭한 아이라고 생각하며 바비의 문제를 인정하지 않았습니다. 바비의 아버지는 우리가 바비에게 충분한 자극을 주지 못하였고 이러한 것이 바비가 분노를 표출하는 것의 원인이라고 하였습니다.

바비의 엄마는 주부입니다. 그녀는 바비를 어떻게 양육해야 할지 모르겠다고 말하며 좌절하였습니다. 바비를 잘 양육하려고 노력하였으나 바비는 엄마의 말을 전혀 듣지 않았습니다. 엄마가 바비에게 소리치거나 때릴 때마다 도망가거나 엄마를 비웃기만 하였습니다.

우리와의 마지막 모임에서 바비의 누나를 만나 바비에 관한 이야기를 들을 수 있었습니다. 일상에서 바비는 누나의 물건들을 망가뜨리고 항상 누나와 함께하기를 원한다고 말하였습니다. 바비의 누나는 바비를 돌보는 것이 힘들고 친구들과 나가 놀지 못하는 것에 속상해하였습니다.

마지막 교사 모임에서 우리는 ADHD에 대한 심리 검사를 부모님께 권하였습니다. 그러나 바비의 부모는 거절하였습니다. 그 결과 바비는 더 이상 우리 유치원 수업에 참여할 수 없게 되었습니다.

● 사례연구에 대한 질문

1. 바비가 ADHD라고 생각하는가? 설명하라.
2. 바비의 행동의 원인이 될 수 있는 것은 무엇인가?
3. 바비 가족을 어떻게 도와줄 수 있을까?
4. 바비를 가르치기 위한 전략은 무엇인가?

아동기 동안 ADHD의 증상은 어떠한가?

초등학교나 유치원, 백화점, 운동장, 음식점과 같은 곳에 있는 아이들을 상상해 보도록 하자. 흥분하여 주변을 뛰어다니는 것을 상상할 수 있는가? 아마도 그들은 감정 기복이 심한 상태로 보일 것이다—때로는 행복해하다가 울고 그리고 다시 행복해지고. 아마도 그들은 원하는 것을 요구하기 위하여 크게 울 수 있다. 그러나 그러한 것을 얻었을 때 왜 그렇게 그것을 원했는지를 잊은 것처럼 보인다. 이러한 행동은 전형적인 아이들의 행동이다.

지금부터 이러한 아동이 ADHD라고 생각해 보자. 아마도 그들은 엄청나게 뛰어다닐 것이고 아무 데나 기어오르고 같은 질문을 반복해서 할 것이다. 그들은 다른 아이들을 괴롭히거나 혼자 놀 것이다. 지금 당신이 ADHD 아동의 부모라고 생각해 보자. 어떠한 감정이 드는가?

ADHD 아동과 청소년 또는 성인 ADHD는 비슷한 성향을 가지고 있다. 아동, 청소년, 성인 ADHD는 부주의, 과잉행동, 충동, 부족한 사회적 기술을 보인다. 그러나 ADHD 아동은 ADHD 청소년이나 성인들과는 다른 여러 가지 문제들을 가지고 있다.

예를 들어, 당신이 두 학급을 지도한다고 가정해 보자. 첫 번째 학급은 12학년이고 다른 학급은 1학년이다. 두 학급 모두 ADHD 청소년으로 구성되어 있다. 두 학급 모두 주의를 유지시키는 데 어려움을 가질 것이다. 그러나 그들이 비슷한 성향을 가지고 있어도 각 학급마다 다른 전략을 사용해야 한다.

나이가 많은 학생들이 있는 학급에서는 그들이 하는 일을 보고서에 기록하게 하는 것과 같은 인지 전략을 사용할 수 있다. 또한 교사는 해야 할 숙제가 있을 때 그것들을 기억하게 할 노트 필기를 어떻게 하는지 가르칠 수 있다. 그렇다면 이러한 전략을 과연 어린 아동들에게도 적용할 수 있을까?

아마도 아닐 것이다. 1학년에서는—색, 숫자, 글자를 배울 것이다—인지 전략 자체를 이해하지 못할 것이다. 왜냐하면 1학년에는 쓰는 방법을 배워야만 한다. 어린 ADHD 아동에게는 노트 필기를 하고 목록을 만드는 것을 알려 주는 것이 도움이 되지 못한다.

발달 수준 외에도 나이가 어린 ADHD 아동의 부모와 나이가 많은 ADHD 부모에게는 중요한 차이점이 있다. 특히 유치원 ADHD 아동의 부모는 아동의 행동을 관리할 수 있다고 한다. 그러나 아동이 학교에 들어가면 통제하기가 힘이 든다고 한다. 아동이 점차 자랄수록 아동의 부적절한 행동을 다루는 부모의 능력은 점점 부족해진다(Mash and Johnston, 1983).

많은 연구에서 ADHD 아동의 부모들은 일반 아동의 부모들과 비교했을 때 우울, 낮은 자아존중감, 사회적 고립감 등으로 고통을 받는다고 한다(Befera and Barkley, 1985; Cunningham, Benness, and Siegel, 1988; Mash and Johanston, 1983). ADHD 아동들은 부적응적 행동 외에 나이가 들수록 많은 증상들을 보인다. 이것은 왜 일반 아동보다 ADHD 아동이 가족들에게 신체적 처벌을 많이 받는지를 설명할 수 있게 한다(Heffron, Martin, Welsh and Perry, 1987).

더욱이 ADHD 아동의 부모는 일반 아동의 부모와는 다르게 아동과 상호작용을 한다. 예를 들어 ADHD 아동의 부모는 일반 아동의 부모보다 많은 지시와 잔소리를 하게 된다. 또한 ADHD 아동의 부모는 일반 아동의 부모보다 더욱더 비판하고 아동을 혼낸다(Berkley, 1988; Campbell, 1990).

결과적으로 ADHD 아동의 가족들은(부모, 형제자매) 다른 가정에 비해서 많은 스트레스를 경험하게 된다. 그 결과 ADHD 아동의 가족들에서 약물, 가정 폭력, 자살, 알코올 남용과 같은 것들이 높게 나타나는 것이다. 또한 ADHD 아동의 부모들은 일반 아동의 부모들보다 이혼율이 높기도 하다(Barkley, 1995).

당신이 유치원과 학교에서 ADHD 아동을 지도한다면, 당신은 많은 것을 심사숙고해야 한다. 아동에게 적용하는 전략들을 수정해야 할 뿐만 아니라 아동의 스트레스를 줄여 주기 위하여 부모와 함께 전략을 수행해야 한다. 부모와 함께하는 것은 매우 중요하다. 만약 당신이 집에서 부모님께 매일 야단맞고 가족이 당신에게 소리치고 부모가 이혼하려고 할 때 당신이라면 학교에서 어떻게 행동할지 상상해 보자. 교육은 워크시트, 자리 배정, 훈련하는 것 이상이어야 한다. 매일 부모님과 교사는 효과적으로 대화해야만 한다. 또한 아동의 문제들을 이야기해 주고 그들을 어떻게 지도해야 하는지 교사는 부모에게 알려 주어야 한다. 당신은 학생만 지도할 것이 아니라 가족도 함께 지도해야 한다.

ADHD 아동의 부모에게 도움이 되는 전략에는 어떠한 것들이 있는가?

학생들을 돕기 위하여 당신은 그들의 가족도 도와야 한다. ADHD 가족 구성원들에게 여러 정보와 집에서 문제를 최소화하기 위한 전략을 가르쳐야 한다. 또한 당신은 가족들에게 정서적 지지를 해 주어야 한다. 지금부터 몇 가지 방법들을 논해 보겠다.

부모와 형제자매 훈련

가족을 돕는 가장 중요한 방법은 ADHD 아동의 부모, 형제자매, 그 밖의 가족 구성원을 교육하는 것이다. 가족 전체를 교육하는 것은 매우 중요하다. 부모님 한 분만 교육하였을 경우 오히려 ADHD 아동을 양육함에 있어서 스트레스가 증가할 수도 있다.

교사는 가족을 교육하기 위하여 한 학기에 한두 번 정도는 ADHD 아동의 가족 구성원을 위한 워크숍을 개최할 수도 있다. 워크숍의 주제는 다음과 같다. ADHD란 무엇인가? 언제부터 약물을 사용하는 것이 좋은가? 어떻게 아동을 양육할 것인가? 집에서 스트레스를 감소시키는 방법은 무엇인가? 가족 훈련 프로그램을 진행하는 데 도움이 될 만한 참고 문헌이 무엇인가? 제10장에 참고 문헌을 자세하게 제시하였고, 간략하게 제시해 보면 다음과 같다.

- Blechman, E. A. *Solving Child Behavior Problems at Home and at*

School. (Champaign, Ill.: Research Press, 1985).

- Clark, L. *SOS: Help for Parents: A Practical Guide for Handling Common Everyday Behavior Problems.* Bowling Green, Ky.: Parents Press, 1985).
- Dubey, D. R., S. G. O'Leary, and K. F. Kaufman. "Training Parents of Hyperactive Children in Child Management: A Comparative Outcome Study." *Journal of Abnormal Child Psychology* 11, (1983): 229-46.
- Erhardt, D., and B. L. Baker. "The Effects of Behavioral Parent Training on Families with Young Hyperactive Children." *Journal of Behavior and Experimental Psychiatry* 21, no. 2 (1990): 121-32.
- Strayhorn, J. M., and C. S. Weidman. "Reduction of Attention Deficit and Internalizing Symptoms in Preschoolers through Parent-Child Interaction Training." *Journal of the American Academy of Child and Adolescent Psychiatry* 28, no. 6 (1989): 888-96.
- Strayhorn, J. M., and C. S. Weidman. "Follow-up One Year after Parent-Child Interaction Training: Effects on Behavior of Preschool Children." *Journal of the American Academy of Child and Adolescent Psychiatry* 30, no. 1 (1991): 138-43.

휴식 시간을 가지기

휴식 시간을 가지는 것은 가족 구성원이 집에서의 스트레스에서 벗어나 편안해지게 돕는 방법이다. 매일 가족과 함께한다고 생각해 보자. 비록 가족을 매우 사랑하지만 때로는 매일 함께 붙어 있다시피 한다면 아마 괴로

울 것이다. 특히 함께하는 가족이 ADHD 아동이라고 생각해 보자. 아마도 스스로 많은 휴식 시간이 필요하게 될 것이다.

많은 형태의 휴식 시간이 있다. 부모는 ADHD 아동 없이 휴식 시간을 가지기 위해서 금요일 저녁마다 보모를 고용할 수 있다. 또는 조부모, 사촌과 함께하는 여름방학 휴가 또는 주말에 놀이를 할 수 있게 하여 쉴 수도 있다. 그러나 휴식 시간을 가지기 위해서 잊어서는 안 되는 것이 있다. 과잉활동적인 유치원생 아동을 힘이 부족한 조부모에게 맡길 때에는 아동에 대한 교육을 하는 것이 필요하다. 워크숍에 초대하여 보모를 교육하거나 부모 교육 정보를 주어 그들이 가족 구성원으로 아동을 도울 수 있는 사람이 되도록 한다.

가족은 함께해야 할 시간도 있어야 하고 때로는 떨어져 있는 시간도 필요하다. 많은 부모는 자신이 아동을 양육하는 데 잠시 벗어나고파 하는 마음을 가지는 것에 대해서 큰 죄책감을 가진다. 그럴 때에 교사는 ADHD 아동의 부모가 아니어도 모든 사람에게는 개개인의 시간을 가지는 것이 매우 중요함을 알려 주어 위로해 주는 것이 좋다. 더욱이 부부 생활을 더욱 강화시키기 위해서는 부부가 함께하는 시간이 필요하다.

형제자매들이 휴식 시간을 가지게 하기

형제자매가 있는가? 어렸을 때 형제자매를 돌본 적이 있는가? 형제자매가 당신을 돌보아 준 적이 있는가? 때로 나이가 많은 형제자매들은 양육자로서의 역할을 강요받기도 한다. ADHD 아동을 돌본다면 교사 보모에게 매우 힘든 일이고 특히 형제자매와 같은 아이에게는 더욱 힘든 일일 것이다.

나이가 많은 형제자매들이 그들이 할 수 있는 방법이 있다면 돕는 것이 당연하다. 그러나 부모는 나이가 많은 형제자매들의 한계를 알 필요가 있다. 또한 부모는 ADHD 형제자매와 떨어져 휴식을 취할 수 있는 기회를 주는 것이 좋다. 부모와 마찬가지로 형제자매들에게도 지지, 훈련, 스트레스 감소를 해 주는 것이 필요하다.

지지 그룹

아동과 분리가 필요한 부모님을 만났을 때 교사와 상담가는 무엇을 할 수 있을까? 단순히 인정하지 않기만 할 것인가? 그들에게는 여러 가지 이유가 있을 수 있으나 그것이 해결책은 아니다. 아이를 거부하는 부모를 돕는 가장 효과적인 방법은 ADHD 아동을 다른 부모에게 소개시켜 주는 것이다. 이러한 것은 지지 그룹 안에서 할 수 있다.

지지 그룹은 많은 방법으로 커다란 도움이 될 수 있다. 예를 들어 부모들은 ADHD에 대한 많은 정보를 공유할 수 있고 동호회의 자료(좋은 의료진과 치료자들에 대한 정보), 아동을 지도할 때 가장 좋은 방법이 무엇인지 등을 알 수 있게 되는 것이다. 지지 그룹은 부모들이 혼자가 아님을 알게 해 준다. 또한 부모가 ADHD의 원인이 아니라는 것과 그들이 나쁜 부모가 아니라는 것에 대한 위안을 얻을 수가 있다. 또한 ADHD 아동의 형제자매들을 위한 지지 그룹도 있을 수 있다(제10장에 지지 그룹 목록과 참고 문헌을 제시).

부모와 선생님과의 의사소통

ADHD 아동의 부모와 선생님의 많은 스트레스 원인 중의 하나는 선생님과 부모의 관계이다. 종종 교사는 전문가이고 아동에 대해서 가장 많이 아는 것처럼 자부한다. 더욱이 교사에게 때로는 부모가 '장애물' 이나 '도움이 되지 않는 분' 이 되기도 한다. 특히 이러한 점은 아동의 교육에 개입하기를 강하게 바라거나 자신이 모든 것을 알 권리가 있다는 부모님의 경우가 해당될 것이다. 효과적인 의사소통은 협력적인 관계를 만들고 오해를 막을 수 있다.

상담가는 부모와 교사에게 효과적인 상호작용을 할 수 있는 한 가지 방법으로 자주 그들과 만나게 하는 것이다. 정기적으로 집이나 학교에 보내는 노트를 만들도록 한다. 안부전화를 자주 나누고 한 달에 한 번씩 만나도록 한다. 학교와 가정에 학생들을 어떻게 지도해야 하는지의 문서를 보내도록 한다. 전자우편을 통해 아동에 관한 의견을 정규적으로 교환할 수도 있다. 다시 말해서, 첫 번째 개별 교육 프로그램을 하는 만남에서 부모와 교사는 상호 존중을 하면서 신뢰로운 관계를 맺도록 한다.

더욱더 신뢰로운 관계를 맺기 위해서는 교사는 아동에 대하여 깊은 관심과 적극적인 개입을 하려고 함을 부모에게 보여 주도록 한다. 그리고 정보를 주도록 한다. ADHD에 대한 새로운 정보가 있을 때 전화하도록 한다. 개별 교육 프로그램 만남을 적극적으로 추진하고 서로 사회적인 만남이 될 수 있게 한다.

부모와 교사의 성공적인 관계를 맺는 데 가장 중요한 요소는 긍정성이다. 주변에 매사 부정적으로 말하는 사람이 있는가? 선생님에게 부모들은 아동이 어떻게 지냈는지 물을 것이다. 교사는 아동이 했던 잘못된 행동들을 털어놓기도 한다.

물론 교사는 부모에게 거짓말을 해서는 안 된다. 반대로, 효과적인 관계는 신뢰로 이루어질 수가 있다. 모든 부정적인 정보를 주는 대신에 부정적인 아동의 면만 강조하지 말고 긍정적인 몇 가지를 말하려고 교사는 노력해야 한다. 예를 들어, "당신의 자녀는 자리에 가만히 앉아 있지를 못하네요."라고 말하는 대신에 "아동은 많은 에너지를 가지고 있고 교실에서 어떠한 일을 하기 위하여 자기 자리에서 뛰쳐나가는 경우가 있어요. 우리가 아동의 에너지를 잘 사용할 수 있게 도와준다면, 아동의 인생은 행복할 수 있을 거예요."라고 말하는 것을 기억하자. ADHD 증상이 꼭 나쁜 것만은 아니다. 그런 증상을 잘 사용할 수 있다면 재능이 될 것이다. 부모님에게 그러한 점을 자주 상기시켜 주는 것이 필요하다.

스트레스 감소

스트레스 감소하는 방법은 교사, 학생, 부모 모두에게 매우 필요하고 중요하다. 사람들의 스트레스 해소 방법은 다양하다. 스트레스를 받을 때 텔레비전을 시청할 수 있다. 춤을 추러 갈 수도 있다. 해소 방법이 무엇이든 간에 부모와 학생들은 스트레스를 해소할 필요가 있다. 해소 방법을 제안해 보겠다.

- **헬스클럽 가기** 운동은 스트레스를 감소시켜 줄 뿐만 아니라 스트레스를 막을 수도 있다. 더욱이 헬스클럽을 다니면 다른 성인이나 새로운

친구들을 만날 수 있는 기회를 가질 수 있게 된다.

- **취미를 계발하기** 교육하는 것 이외에도 취미를 계발시키도록 한다. 정원 꾸미기, 미술 활동, 글쓰기, 이러한 모든 예들은 스트레스를 감소시킬 수 있을 것이다.
- **즐거움을 위한 독서하기** 독서는 스스로 시간을 잘 보낼 수 있고 힘든 날에 '긴장 풀기' 를 할 수 있는 최고의 방법이다. 테이프가 포함된 책을 보는 것은 일을 하는 동안 또는 장기간 운전을 하게 되면 유용할 수 있다.
- **누군가와 이야기 나누기** 친구에게 자신의 스트레스를 이야기하도록 한다. 억압된 스트레스가 해소될 수 있다.
- **찜질방이나 온천에 가기** 마사지를 받거나 뜨거운 탕에 들어가서 자신의 몸을 이완시키도록 한다. 한 번 가면 쓰고 싶은 만큼 돈을 쓰고 오도록 한다.
- **시간 관리** 당신의 삶을 효과적으로 관리하도록 한다. 스스로를 위한 휴식 시간을 가지도록 한다. 주말마다 혹은 매달 영화를 보거나 카드놀이를 함께할 친구들과의 계획을 짜도록 한다. 당신이 해야 하는 것, 하기 원하는 것, 당신이 해야만 하는 것에 대한 우선순위를 매기도록 한다. 때로는 스스로에게 보상을 주도록 한다. 당신은 그럴 만한 가치가 있다.

까다로운 부모, 교사와 협력하기

ADHD 아동과 함께하는 교육이나 상담을 할 때, 어떠한 이유에서든 상담가를 좋아하지 않거나 상담가가 하고자 하는 것을 좋아하지 않는 사람들과도 함께 협력해야 할 때가 있다. 예를 들어 부모들은 교사가 아동에게 관심을 보이지 않는다고 느끼고 정규교과과정 선생님들이 교실에서 아동에게 많은 압력을 준다고 느낄 수 있다. 당신은 이러한 경우에 어떻게 성공적인 상담로서의 역할을 해야 할지를 생각해 보아야 한다. 아래에 제시하는 것은 까다로운 부모, 교사와 협력할 때 도움이 되는 방법들이다.

- 타인의 입장을 고려하도록 한다. 부모가 교사에 대한 불만이 있다면, 일단 상담자는 부모가 아동에 대해서 더 많은 것을 알고 이해하고 있으며, 아동을 지도하는 데 많은 노력을 하였음을 교사가 인정하고 부모의 입장을 이해하게 해야 한다.
- 저항의 원인을 확인하고 그것을 표현하게 한다. 예를 들어 많은 교사들은 학급에서 ADHD 아동과 함께하기를 원하지 않는다. 왜냐하면 ADHD 아동은 30명의 아동에게 필요한 시간을 혼자서 요구하기 때문이다. 이러한 경우라면 걱정거리를 표현할 수 있게 돕는다. 교사를 지지할 수 있는 방법을 찾는다.
- 다른 사람들이 말하는 것을 경청하도록 한다.
- 피드백을 주도록 한다. 잘못된 전달이 되지 않도록 한다.
- 때로는 사람들이 좋지 않은 날이 있음을 깨닫게 한다. 그리고 그러한 것이 당신과 상관이 없음을 알게 하도록 한다.
- 중요한 것은 명령이 아니라 협력이다. 부모와 교사가 당신과 함께 협력하기를 꺼린다면, 아마도 그것은 당신의 방식대로 하는 것이라고 생각하기 때문이다. 성공적인 상담가가 되기 위해서는 때로는 다른 사람들이 원하는 것을 해야만 한다. 잊지 말라. 당신은 학생과 부모와 함께 협력해야 한다. 그들이 당신을 위하는 것이 아니다.
- 다른 사람들에게 언어로 공격하지 말라. 당신이 공손하지 못한 행동을 하였다면, 사태가 차분해지고 난 후 사과를 하도록 한다. 때로는 사람들이 싸움 후에도 차분해졌을 때 해결을 할 수가 있다.
- 모든 과정이 한 번에 되는 것은 아니다. 동의하기도 하고 동의하지 않기도 하

면서 한 과정씩 해 나가는 것이다.

- 과정에 대한 정보를 주도록 한다. 개별 교육 프로그램의 결과만 보여 주는 것이 아니라 과정 자체를 보여 주도록 한다.
- 만남은 편안한 장소에서 한다. 집에서 부모를 만나거나 식당과 같은 곳에서 만나도록 한다. 정규적으로 교실이나 사무실에서 교사를 만나도록 한다.
- 과거는 과거일 뿐이다. 현재의 대화에서 과거 문제를 꺼내지 않도록 한다.
- 브레인스토밍을 할 때 나쁜 생각이라는 것은 없다. 심지어 어리석은 제안일지라도 도움이 될 수 있으므로 간과하지 않도록 한다.

반응 지연

자녀가 레스토랑에서 물을 여기저기에 쏟는 것을 보고 숫자를 열까지 세고 있는 부모를 본 적이 있는가? 이것은 화가 나는 상황을 다루는 좋은 전략이다. 이러한 것을 '반응 지연' 이라고 할 수 있다. 기본적으로 당신은 아동이 무엇인가를 잘못한 후에 충동적으로 화를 내는 반응을 보이게 된다.

이러한 점에 대해서 생각해 보자. 아동이 물을 쏟자마자 가장 먼저 드는 생각은 무엇인가? 소리치고 싶은 생각이 들 것이다. 이것은 자연스러운 것이다. 하지만 안타깝게도 이러한 것은 자녀에게 크게 도움이 되지 못한다. "이미 엎질러진 물"이라는 속담을 아는가? 아동에게 화를 내면 상황은 더욱 악화될 것이다.

몇 초 동안 기다린다면 부모는 소리치고 싶은 마음이 사라질 것이다. 그 후 상황을 다시 객관적으로 보게 되고 긍정적인 접근을 할 수가 있다. 예를 들어 "이미 엎질렀으니 어쩔 수 없고, 스스로 그것을 치우도록 해라."

긍정적으로 보기

부모와 교사는 사소한 것과 아동의 부정적인 측면만을 자주 보게 된다. 그들은 아동의 긍정적인 측면을 보지 못한다. 앞에 예처럼 물이 엎질러지면 이러한 것이 부정적인 상황으로만 생각될 수가 있다. 그러나 긍정적인 측면으로 볼 수 있는 방법이 있다. 예를 들어 두 달 전에 똑같은 일에도 잘못했다는 사과를 하지 않았으나 요번에는 자신의 잘못을 인정함을 보는 것이다. 다시 말해 부정적으로 또는 긍정적으로 사건의 측면을 보는 것은 부모의 선택이다. 긍정적인 것이 크게 도움이 된다는 것이 중요하다고 본다.

길게 생각하기

부모와 교사는 하루하루 상항 속에서 전쟁터에 있는 것과 같고 이러한 것이 힘들고 슬픈 감정을 들게 한다. 아동이 아침에 늦게 준비를 하고 점심 도시락을 놓고 가는 것과 같은 사실에 부모들은 속상해한다. 이러한 것은 매우 사소하고 가치 없는 일이다.

장기간의 결과를 생각하도록 해야 한다. 작년에 아동이 어떻게 행동했는지를 생각하고 지금까지 배운 기술들을 점검하도록 한다. 모든 사람들에게 항상 즐거운 날만 있는 것은 아니다. 당신의 아동도 마찬가지다. 당신이 장기간에 초점을 맞춘다면 분명히 나쁜 날보다 좋은 날이 많을 것이다. 좋고 나쁜 날의 목록을 적어 보면 이러한 사실이 입증되는 데 도움이 될 것이다.

ADHD 아동을 어떻게 지도할 것인가?

부모가 어떻게 사건을 인식하느냐 외에도 아동의 집과 학교에서의 행동을 수정할 필요가 있을 것이다. 초기에 보이는 행동 문제들은 매우 중요하다. 아동이 부적절한 행동을 더 이상 하지 못하도록 하는 것이 아동에게는 힘든 일이지만 후에 자신의 인생을 돌아보았을 때는 매우 적합한 것이다. 이 장의 초기에 논의된 전략들은 ADHD 아동을 지도하는 데 도움이 될 것이다. 그러나 초등학교 그리고 유치원 아동들은 추가적 개입을 해야 한다.

사진 목록

어린 아동에게 사용될 수 있는 개입은 사진 목록을 사용하는 것이다. 어린 아동들과 함께 전략을 수행하려는 것은 힘든 일이다. 왜냐하면 아동들에게 많은 집중을 요구해야 하기 때문이다. 예를 들어 ADHD 아동들은 그들의 숙제, 준비물, 그들이 해야 하는 것을 자주 잊어버린다. 나이 많은 학생들은 그들의 숙제나 활동 목록 등을 챙길 수가 있다. 그러나 어린 아동들은 쓰거나 읽는 방법을 잘 모를 수도 있다. 따라서 이러한 상황에서 간단한 단어로 표시된 사진을 모아 사용할 수 있다. 이러한 전략은 당신의 끊임없는 지시에 ADHD 아동이 덜 의존하게 만들 수 있다.

시 간

나이가 많은 아동들에 비해서 어린 아동들은 시간 관리를 하지 못한다. 당

ADHD의 시간 이해

시계를 보지 말고 책을 읽고 난 후 얼마나 읽었는지를 보도록 한다. 15분? 20분? 한 시간? 자, 시계를 보도록 하자. 당신이 실제 생각했던 것과 얼마나 가까운가?

지루한 수업을 듣는 동안 얼마나 강의가 끝나기를 바라는가? 그러나 시계를 보았을 때 자신이 한 시간 동안이나 앉아 있었다는 것을 깨닫게 된다. 이것이 ADHD 아동이 시간을 어떻게 느끼느냐이다. ADHD 아동은 시간에 대한 감각이 느린 편이다. 그들에게 30분은 5분 또는 한 시간일 수가 있다.

이렇게 시간이 어떻게 가는지를 잘 알지 못하는 것은 ADHD 아동에게는 많은 어려움을 가져다준다. 예를 들어 ADHD 아동들은 그들이 실제로 했던 것보다 많은 시간을 보냈다고 생각을 한다. 이러한 것들은 왜 그들이 숙제를 늦게 제출하고 제출 기간 내에 제출하지 못하고 수업 시간과 외출 통제 시간에 늦게 나타나는지를 설명하는 것이다. 또한 그들은 기다리고 참는 것을 잘하지 못한다. 왜냐하면 그들은 실제 하는 것보다 그 이상으로 기다렸다고 생각하기 때문이다.

교사와 부모가 ADHD 아동의 시간을 더 잘 관리하게 도울 수 있는 몇 가지 전략이 있다. 예를 들어 당신은 알람을 맞출 수 있는 시계를 아동에게 주도록 한다. 저녁 식사를 하러 집에 들어가야 할 시간이 되기 30분 전에 중요한 시간의 알람을 맞추도록 한다. 알람은 그들이 무엇을 해야 하는지, 집으로 들어가야 하는지를 다시 생각나게 돕는 것이다.

또 다른 전략은 며칠 또는 몇 주 한 번의 마감보다는 여러 번의 마감일을 주어 숙제를 보류하게 하는 것이다. 이것은 아동이 숙제에 집중을 하고 미루는 버릇을 막을 수가 있다.

또한 학생들에게 한 달 일정을 다 볼 수 있는 달력을 주도록 한다. 그러고 나서 해야 할 일을 매일 지시하고 중요한 숙제를 해야 하는 날이 얼마나 남았는지를 그들이 볼 수 있게 하루하루 줄을 그어 지우게 한다.

학생들의 서투른 시간 인식으로 인하여 나타날 수 있는 문제에서 탈피할 수 있는 몇 가지 방법들이 있다. 시각 또는 청각적인 것들을 사용한다(예를 들어 알람시계 같은). 이러한 전략 습득을 위해 다양한 환경에서 적용해 보도록 한다. 추가적으로 교사 없이 스스로 환경에 성공적으로 적응하기 위하여 학생들은 시간 사용에 대하여 스스로 자기 모니터를 하게 한다.

신의 어린 자녀와 휴가 갔을 때를 기억해 보라. 아이들은 5분마다 "아직 안 도착했어요?"라고 묻는다. 그러면 부모들은 "30분 정도 있으면 목적지에 도착할 거야."라고 대답한다. 그러나 안타깝게도 '30분 정도'의 의미를 모른다. 그러므로 아동에게 시간을 체크하는 방법을 알려 주는 것이 필요하다.

부모들은 아동에게 알람이 울리는 시계를 주도록 한다. 알람이 한 번 울리면 목적지에 반 정도 도착한 것이고, 알람이 두 번째 울리면 목적지에 거의 도착한 게 되는 것이다. 이러한 전략을 ADHD 아동에게도 적용할 수가 있다.

시간과 관련되는 경우에는 아동과 타협을 할 필요가 있다. 예를 들어 어떤 교사나 부모가 타임아웃 전략을 사용한다고 해 보자. 아동이 분노 폭발을 할 때마다 그들은 코너 의자에 앉게 할 것이다. 안타깝게도 ADHD 아동은 시간의 의미를 알지 못한다. 오히려 ADHD 아동에게는 나쁠 수가 있다. 그들은 타임아웃 의자에 앉을지는 모르나 몇 분만 있으면 끝날 거라는 생각을 한다. 그들이 책상으로 다시 돌아왔을 때 문제를 더 일으킬 수가 있다.

타이머를 사용할 때는 자신의 시계를 다른 시계에 학생들 스스로 맞추게 하는 것이다. 예를 들어 많은 유치원과 초동학교 교실에는 커다란 시계가 있다. 따라서 타임아웃을 할 때 아동이 자신의 시계와 교실의 시계를 맞추어 보게 하도록 하는 것이 좋다.

명백하고 간략하게 말하기

모든 아동에게 당신은 명백하고 간략하게 말할 필요가 있다. 이것은 특히 아동을 훈련할 때 매우 중요하다. 당신이 어렸을 때 무언가를 잘못했을 때를 기억하는가? 교사나 선생님은 손가락을 흔들면서 소리를 쳤는가? 그들에게 당신은 집중을 했는가? 아마도 조금은 집중을 했을 것이다. 그러나 얼마 후에는 그들의 말이 만화 주인공들이 생각하는 것처럼 이상한 웅얼거림으로 들렸을 것이다.

ADHD 아동의 주요 성격 특성 중 하나는 집중력이 부족하다는 것이다. 일반 아동은 교사와 부모의 말에 집중을 할 것이다. 필요 없는 정보는 아동에게 너무 주지 않도록 한다. 당신이 아동이 하기를 원하는 것에 대하여 명확하고 정확하게 말하도록 한다.

'예, 아니요' 로 대답할 수 있는 질문하기

단순하게 질문을 하는 것이 매우 중요하다. '예, 아니요' 로 대답하게 하도록 한다. 당신이 집에서 키우는 새가 방을 돌아다니고 있는데 아동이 새장 옆에 서 있다면 "어떻게 새가 밖으로 나왔지?"라고 묻지 않도록 한다. 당신 또한 긴 변명을 원하지 않을 것이다. "새를 밖에 나오게 했니?"라고 묻는다. 이러면 명확하고 정확한 답을 얻을 수 있다. 그러나 새를 나오게 했다고 아동이 자백하는 것은 보장할 수 없다. 아이는 아이이기 때문이다.

한 가지씩 지시하기

과잉활동 학생들은 동시에 많은 활동을 수행할 수가 있다. 유치원과 초등학교 아동들은 이런 능력을 가지기 힘들다. 그 결과 ADHD 아동들에게는 한 번에 한 가지 지시를 해야 한다.

예를 들어 "너의 장난감을 정리하도록 해라."라고 말하고 수행을 한 후, "빨래해야 할 네 옷은 바구니에 넣도록 해라."라고 말하도록 한다. 그들이 그렇게 했을 때 "저녁 먹을 준비하자."라고 말한다. 이렇게 하는 것이 아동에게 이 모든 것을 한 번에 다 말해 버리는 것보다 낫다.

일단 당신의 아동이 단순한 지시를 따를 수 있어야 한다. 부모는 인내를 키워야 한다. 때로는 "너의 연필과 종이를 가지고 오너라."와 같은 지시를 할 때에는 두 가지 지시를 할 수도 있다. 아동이 잊어 먹지 않고 일련의 부모 지시를 따를 수 있을 때 두 가지 지시를 하도록 하는 것이 중요하다.

주목하게 하기

ADHD 아동과 말을 할 때 아동의 관심을 끌어야 한다. 아동의 이름을 자주 부르고, 말을 시작하기 전에 아동의 눈을 바로 보는 것이 중요하다. 간단히 '예/아니요'로 대답하게 하도록 한다. 이것은 아동이 당신의 이야기에 집중을 하는지 그냥 단순히 대답만 하는 건지 알게 도와줄 것이다. 그러고 나서 당신이 원하는 것에 대하여 정확하고 명확하게 말하도록 한다.

구조화하기

어린 아동들은 장시간 학교에서 집중을 하지 못한다. 그들은 규율을 잘 알지 못하거나 까먹는 경우가 많다. 예를 들어 화장실에 가도 되는지 묻지 않고 그냥 일어나 가 버린다. 결과적으로 아동에게 일관된 구조화를 하는 것이 중요하다. 일상에서 학생들이 지켜야 할 규칙을 제공하는 것은 아동에게 크게 도움이 될 것이다.

ADHD에 대한 정보를 학생들에게 알려 주기

무엇보다도 중요한 것은 ADHD가 무엇인지를 학생들에게 알려 주는 것이다. 그러나 이러한 것이 오히려 몇 가지 안 좋은 결과를 초래할 수도 있다. 예를 들어 색깔, 글자, 덧셈을 잘하지 못하는 아동이 있다고 가정해 보자. 장기간 교사와 부모가 "음, 너는 ADHD니까 그런 것 못할 수 있어. 그냥 잘 안 되면 하지 말도록 해라."라고 말한다. 이렇게 되면 아동은 배움에 있어서 무기력함을 느끼게 된다. 따라서 무언가를 하기 전에 그냥 포기해 버리게 되는 것이다.

아동에게 ADHD에 대하여 어떻게 알려 주느냐가 아동의 삶을 좌우할 수 있는 것이다. ADHD에 대하여 긍정적으로 설명해 주도록 한다. ADHD 자체가 나쁜 것만은 아니다. ADHD 장애를 가진 사람은 많은 에너지를 가지고 있고 창의적 능력도 있다. 중요한 것은 아동이 이해할 수 있는 방식으로 설명을 하는 것이다.

아동이 좋아하는 영웅들에 관한 이야기를 하면서 ADHD에 관하여 설명할 수 있다. 영웅들이 각각 다른 능력을 가지고 있음을 이야기해 주도록 한다. 슈퍼맨은 힘도 세고 날 수 있으며, 스파이더맨은 벽을 탈 수 있고 거미줄을 만들 수도 있으며, 원더우먼은 몰래 날 수 있고 사람들이 진실을 말할 수 있게 한다고 이야기를 해 준다.

실제 일상 속의 사람들도 이런 영웅들처럼 각각 다른 능력을 가지고 있음을 이야기해 준다. 어떤 아이들은 축구를 잘하고 또 다른 아이는 알파벳과 숫자를 잘 외우며 또 사람들을 웃게 만드는 재주를 가진 사람이 있다고 말해 준다.

ADHD 아동의 큰 능력은 지치지 않고 돌아다닐 수 있는 많은 에너지와 창의적 능력, 재능을 가지고 있음을 이야기해 준다. 학교의 개별 교육 프로그램의 목적은 학생들에게 도움이 되는 기술을 가르침으로써 영웅이 되는 방법을 그들에게 가르치며 돕는 것이다. 즉 슈퍼맨이 어떻게 날게 되었는지를 가르치는 것이다.

사례로의 적용

ADHD 청소년에게 나타나지 않는 두 가지 문제가 ADHD 아동에게서는 보인다. 첫째, 읽기, 시간에 대한 개념, 주의 집중 시간이 부족하다. 두 번째, 그들의 가족 구성원들은 스트레스와 우울을 경험한다. 종종 그들은 아동의 부족한 행동에 대하여 비난을 하게 된다.

이 장의 시작에 이야기했던 바비의 사례를 가지고 생각해 보자. 당신은 어떻게 생각하는가? 바비는 ADHD인가? ADHD의 어떤 유형인가? 당신이 바비의 유치원 교사라면 무엇을 하였겠는가? 당신은 바비의 가족에게 어떤 도움을 줄 것인가?

바비는 ADHD인가?

바비는 확실히 다루기 까다로운 아동이다. 그러나 ADHD 진단을 내려도 될까? 단지 툭 하면 싸우기 좋아하는 5세 소년이 아닐까? 바비는 그의 아버지가 말한 것처럼 많이 신경을 써야 할 필요가 있을지 모른다. 당신이 생각하는 것이 맞는가? 차근차근 살펴보도록 하자.

첫째, 바비는 5세이고 그의 행동은 5세의 ADHD 아동에게서 나올 수 있는 행동들이다. 둘째, 바비는 ADHD-HI, ADHD-C 유형의 특성을 다 보이고 있다. 특히 그는 차분히 앉아 있지를 못하고 돌아다니며, 지나치게 많은 에너지를 가지고 있으며 또래와 노는 것을 힘들어하고 부주의하다. 셋째, 바비의 행동은 집과 교실뿐만 아니라 다양한 환경에서도 보인다.

비록 바비의 행동은 ADHD에 부합되지만, 당신은 바비에게 바로 ADHD 진단을 내리기를 원하지 않을 수 있다. 진단명이 바비와 그의 가족에게 끊임없이 붙어 다닐 수가 있다. 상담가는 바비에 대한 정확한 정보와 생각을 가지고 있어야 한다. 섣불리 진단을 논하기 앞서서 바비의 행동에 대한 가능한 근거를 고려해야 한다.

바비 행동의 원인은 무엇인가?

ADHD 아동의 진단을 내리는 것은 종종 매우 어렵다. 바비의 경우, 바비의 행동이 ADHD 때문인지 5세 아동의 에너지가 많은 영향 때문인지에 대해서는 결정하기 어렵다. 그렇다면 적절한 진단을 어떻게 할 수 있을까?

바비의 경우에도 당신은 5세 아동이 보이는 행동으로 간주할 수가 있다. 본질적으로 당신은 아동에게 도움을 줄 수가 있다. 늦게까지 아동에게 ADHD 진단을 미룸으로써 아동에 대한 많은 정보를 모을 수 있고 이것은 당신이 정확한 진단을 할 수 있는 데 도움이 되는 것이다. 그러나 바비를 관찰하고 살피는 것보다 더 필요한 것이 있다. 바비와 그의 가족을 도와야 한다. 가족들은 많은 긴장과 스트레스를 보이기 때문이다.

바비의 가족을 어떻게 도울 수 있을까?

바비 가족의 문제는 과잉활동 아동의 가족들이 대부분 경험하는 것이다. 예를 들어 그의 엄마는 우울을 느끼고 있고 바비의 아버지는 아동의 모습을 부인하며 바비의 모습을 인정하지 않는다. 또한 바비의 누나는 동생으로 인하여 속상함을 느끼고 사회적으로 고립되기도 한다.

바비의 가족을 도울 수 있는 여러 가지 방법이 있다. 예를 들어 어머니에게는 일주일 중 하루는 자신의 날로 정하게 한다. 어머니는 그녀의 딸과 밤에 쇼핑을 갈 수 있다. 이것은 그들 둘 다 스트레스를 줄일 수 있게 돕는다. 더욱이 아버지에게는 어머니가 외출한 후 바비를 돌보게 하는 것이다. 바비의 학습을 도우며 아동의 행동을 더욱더 객관적으로 관찰하며 이해하게 될 수 있다.

또한 상담가는 바비의 부모님에게 딸의 개인적 공간을 만들어 주라고 권유할 수 있다. 그녀의 침실 문을 잠그게 허락하거나 하루에 한 번 정도는 친구들과 놀러 나가게 하는 것이다. 더욱이 딸이 바비를 돌보는 보모의 역할을 한다면, 자녀에게 동생의 행동을 관리하는 기법을 가르치도록 부모에게 제안할 수 있다. 사실상 모든 가족은 아동을 양육하는 데 큰 도움을 주는 사람들이다. 앞에서 말했던 것처럼 바비의 엄마는 아동에게 소리치고 때리고 하였다. 다른 전략을 쓰도록 해야 한다.

바비를 어떻게 지도할 것인가?

당신이 바비의 선생님과 부모라면 당신은 무엇을 할 것인가? 그에게 무엇을 가르칠 것인가? 당신이 사용하는 전략은 무엇인가?

개입을 하고 전략을 가르치기 전에 당신은 그의 또래와 바비의 행동을 비교해 보도록 한다. 의미 있는 차이점이 있는가? 기대되는 행동이 있는가? 5세 아동에게 올바른 행동에 대한 너무 많은 기대를 하는 것은 아닐까?

부주의한 행동 문제가 있다면 아동이 수행해야 할 일을 잘할 수 있게 도와야 한다. 더욱이 한 번에 한 가지 지시를 하도록 한다. 아동이 지시를 따를 수 있을 때 두 단계의 지시를 주어야 한다. 또한 바비가 교실 규칙을 지킬 수 있게 도와야만 한다. 아침 등교 시간과 점심 시간에 규칙을 말해 주도록 한다. 마지막으로 바비의 가족과 교사가 정규적으로 의사소통을 하도록 한다. 당신은 걱정스러운 부분뿐만 아니라 아동의 긍정적인 측면을 그들에게 말해 주는 것을 명심해야 한다.

CHAPTER 07

ADHD 청소년을 위한 전략

이 장의 목표

이 장에서는 다음의 질문에 대해 답한다.

1. 청소년기의 ADHD는 어떠한가?
2. 학생의 자아존중감은 어떻게 증진시킬 것인가?
3. 학생이 독립성과 통제력을 획득하도록 어떻게 도울 것인가?

사례 연구 : 폴

폴은 7학년이며 올해 유급한 14세 남학생입니다. 비록 상당한 예술적 재능(그림, 음악)을 가지고 있지만 학업 수행 동기 자체가 거의 없습니다. 사실상 그는 자신이 관심 있어하는 예술 분야와 관련 없는 과목만 수업으로 듣고 있습니다.

따라서 수업을 들으면서 과목에 집중을 잘하지 못합니다. 결과적으로 그는 수학, 과학, 영어, 역사, 체육과목에서 유급을 하였습니다. 왜 학업에 관심을 보이지 않는지를 물었을 때 이러한 과목들이 뮤지션이 되는 데 전혀 도움이 되지 않는다고 폴은 대답하였습니다. 그는 "나는 머리가 좋지 않아."라는 말을 자주 하곤 합니다. 성적이 향상되지 않으면 그는 2학년을 유급하게 될 것입니다.

최근에 폴은 그의 부모와 교사에게 점차 적대적이 되었습니다. 폴이 그의 가족을 너무 힘들게 하고 괴롭힌다고 생각하여 이웃이 경찰에 신고를 하기도 하였습니다. 그의 부모님은 그건 사실이 아니라고 변명했습니다. 경찰이 도착하였을 때, 폴은 미친 듯이 소리를 질렀고 경찰도 어떻게 해야 할지를 몰라 당황하였습니다.

가족 치료 동안 폴은 대마초와 알코올 경험을 인정하였으나 정규적으로 했는지에 대해서는 부인하였습니다. 그러나 그의 방에 페인트 통이 널브러져 있었고 그중에는 유독성 페인트도 있었습니다. 또한 그의 옷에는 페인트 냄새가 진동을 하기도 하였습니다. 그러나 폴은 화를 내며 그러한 사실을 부인하였습니다.

현재 상황이 바뀌지 않으면, 폴의 로큰롤 스타가 되겠다는 꿈과 미래는 어두울 것입니다. 폴과 부모님 사이는 점차적으로 악화되었습니다. 앞으로 그들 사이에 의사소통이 원활하지 못하면 서로의 관계는 더욱더 멀어지게 될 것입니다.

● 사례연구에 대한 질문

1. 폴이 ADHD라는 생각이 드는가? 설명하라.
2. 폴의 행동은 다른 장애로 설명될 수 있는가?
3. 폴의 자아존중감은 어떻게 증진시킬 수 있는가?
4. 폴이 자신의 삶을 통제하고 독립할 수 있게 어떻게 도울 수 있는가?

청소년기의 ADHD는 어떠한가?

청소년기. 이 단어는 부모와 교사에게는 두려움이다. 불안정한 정서와 불확실성으로 혼돈을 느끼는 변화의 시간이다. 따라서 청소년기는 주변 사람들까지도 힘들게 하는 어려운 시기가 될 수 있다.

청소년기를 어떻게 겪었는지 당신은 기억하는가? 신체 변화와 강한 정서를 경험하게 된다. 독립하고픈 마음과 형식적인 것에 저항하고픈 마음이 생긴다. 비록 당신은 어른이 되었다고 생각해도 교사와 부모들은 당신을 아동처럼 대하는 것을 느낄 수가 있다. 또한 공부에 압박감을 느낄 수 있다. 당신은 약과 알코올 경험을 하기도 한다.

청소년기는 교사와 가족들뿐만 아니라 ADHD 학생에게는 어려운 시기가 될 수가 있다. 처음 당신이 데이트에 관심을 가졌을 때를 생각해 보자. 당신의 감정을 표현하는 것에 서툴고 데이트 상대로부터 거절당하는 것에 두려움을 느낄 수 것이다. 당신은 데이트의 규칙을 알아야만 하고 누군가가 당신을 좋아할 때 어떻게 대해야 하는지를 알아야만 한다.

당신이 충동적, 과잉활동, 부주의하다고 상상해 보자. 사회적 상호작용의 방법을 잘 이해하지 못할 뿐만 아니라 당신의 마음을 너무 직설적으로 말할 것이다.

청소년기 때 당신의 부모와 논쟁을 해 본 경험이 있는가? 부모님들과 어떠했나? 많은 논쟁이 있었는가? 속상한 감정이 많이 느껴졌는가? 당신이 늦게 귀가하기를 바랄 때나 차를 가지길 원하거나 파티에 친구들과 함께 가기를 원할 때마다 부모님이 안 된다고 하는 것에 대하여 당신은 이해할 수 있는가? 많은 스트레스가 있었던 것이 기억나는가?

지나치게 공격적이거나 감정 기복이 심하며, 좌절 인내력도 부족하고 충동을 통제하는 데 어려움이 있으며, 먼저 행동하고 그 이후에 생각을 한다. 이렇다면 당신과 부모와의 관계가 좋을 수 있다고 생각하는가?

청소년기는 많은 십대들에게 힘든 시기가 될 수 있다. ADHD 청소년들은 더욱더 신경이 예민한 시기이다. 예를 들어 ADHD 학생들은 거짓말, 훔치기, 무단결석, 공격성을 빈번하게 보인다(Barkley, 1990). 또한 그들은 서투른 사회적 판단과 부적절한 사회적 행동을 하게 된다(Robin, 1990). 더욱이 ADHD 청소년들은 담배를 피우거나 약물 남용, 알코올 남용, 자동차 사고를 낼 수도 있다(Barkley, 1990; Bender, 1997; Weiss and Hechtmann, 1986). 사실상 ADHD 청소년들은 일반 청소년들보다 2배 이상의 범죄를 저지르거나, 또래들보다 학교 적응을 잘 하지 못하여 무단 정학이나 유급을 받기도 한다(Barkley, 1990; Zentall, 1993).

ADHD 청소년에게 사춘기는 매우 중요한 시기이다. 성공적인 삶의 길로 가느냐, 교육 시스템의 실패자가 되느냐의 갈림길에 서 있는 것이다. 교사는 갈림길에서 도움을 주는 보호자가 되어야 한다. 학생들이 자신의 길을 잘 찾을 수 있는 것은 오직 교사에게 달려 있는 것이다.

때로는 교사, 부모, 학생들 모두에게 청소년기는 힘든 시기가 될 것이다. 학생이 노력하지 않고 힘들게 하면 당신은 상담을 멈추고픈 생각이 들 것이다. 이러한 때에는 당신이 일단 청소년기라는 것을 생각하고 적은 도움이라도 올바르게 하도록 한다. 학생이 스스로 할 수 있다는 것을 명심하게 한다.

약물 남용과 알코올 중독

약물과 알코올은 ADHD 청소년과 일반 청소년 모두에게 중요한 문제이다. 안타깝게도 ADHD 청소년은 일반 청소년들보다 약물 남용과 알코올 섭취를 많이 한다(Barkley, 1990; McGee, Partridge, Williams and Silva, 1991). "학생이 약물과 알코올을 한다면 어떻게 할 것인가?"

당신의 학생이 약물 남용과 알코올 중독이 의심된다면 아래에 제시되는 경고 신호를 살펴보도록 해야 한다. DSM-IV에는 지나친 의존, 남용, 장기 복용, 금단 등의 범주로 상세하게 내용을 담고 있다. 상세한 정보는 DSM-IV를 참고하도록 한다.

알코올 중독

1. 불분명한 말투
2. 운동조정 장애
3. 불안정한 보행
4. 안구진탕(무의식적이고 빠른 눈의 리듬감 있는 운동)
5. 집중력 및 기억력 손상
6. 혼미 또는 혼수

마리화나 중독

1. 결막 주사
2. 식욕 증가
3. 입 마름
4. 심장 박동 증가

코카인 중독

1. 혼돈
2. 심장 박동 증가
3. 정신 운동의 흥분과 감소
4. 메스꺼움, 구토
5. 동공 팽창

6. 급격한 몸무게 감소
7. 혈압 상승이나 하강
8. 근육 약화, 얕은 호흡, 흉통, 강심 부정맥
9. 춥거나 땀이 남

흡입 중독

1. 졸음
2. 안구진탕(무의식적이고 빠른 눈의 리듬감 있는 운동)
3. 불분명한 말투
4. 불안정한 보행
5. 운동조정 장애
6. 급격한 에너지 부족
7. 지연된 반응
8. 정신운동 지연
9. 떨림
10. 근육 약화
11. 흐릿하게 두 개로 겹쳐 보이기
12. 혼수상태와 무감각
13. 다행증

학생이 비합법적인 것을 취하는 의심이 든다면 학교 행정 당국에 보고를 해야 한다. 많은 주에서 학생의 알코올 섭취와 물질 남용에 관한 보고서를 교사가 작성하게 한다. 교사는 학교에서 알코올과 약물을 하였다는 것에 대한 보고서 작성법과 적당한 절차를 알아 두는 것이 좋다.

학생의 자아존중감은 어떻게 증진시킬 것인가?

청소년기 동안 ADHD 학생들의 주요 문제 중 하나는 자아존중감이다. 낮은 자아존중감은 약물, 알코올, 조직 폭력 활동, 우울, 자살, 사회적 고립,

낮은 성적, 그 밖에 많은 문제들을 보일 수 있다. 그러나 학생들이 낮은 자아존중감을 가졌는지 어떻게 알 수 있을까? 아래에 자아개념을 측정하는 척도들이 도움이 될 수 있을 것이다.

- Coopersmith Self-Esteem Inventories (Coopersmith, 1981)
- Culture-Free Self-Esteem Inventories (Battle, 1992)
- Multidimensional Self-Concept Scale (Bracken, 1992)
- Piers-Harris Children's Self-Concept Scale (Piers and Harris, 1984)
- Self-Esteem Index (Brown and Alexander, 1991)
- Student Self-Concept Scale (Gresham, Elliott, and Evans-Fernandez, 1992)
- Tennessee Self-Concept Scale (Fitts and Roid, 1988)

일단 학생이 낮은 자아존중감을 가지고 있다면 무엇을 할 것인가? 첫째, 당신은 왜 학생이 자신을 가치 없게 느끼는지를 알 필요가 있다. 둘째, 당신은 이러한 감정의 원인이 무엇인지 파악하고 해결해 주어야 한다. 마지막으로, 학생 스스로 자신을 가치 있게 지각할 수 있도록 도와야 한다.

낮은 자아존중감의 원인을 규명해 보기

교사들은 낮은 자아존중감의 원인이 무엇인지를 규명해 보려고 노력해야 한다. 누군가가 낮은 자아 이미지를 가지게 된 원인을 아는 데는 오래 걸릴 수가 있다. 그러나 학생이 생각하고 느끼는 것을 알 수 있는 몇 가지 방법들이 있다.

우선 그들과 이야기를 하도록 한다. 선생님과 부모가 학생과 대화하듯이 말고 사람과 사람이 이야기하는 것처럼 말이다. 학생들에게 질문도 하고 부드럽게 그들의 답에 관심을 보이기도 해야 한다. 학생과 당신이 공유할 수 있는 것을 찾기 위하여 노력해야 한다. 아마도 교사는 십대 때 당신이 직면했던 문제들을 몇 가지 말해 볼 수도 있다. 어떤 판단을 하지 않고 그냥 듣도록 한다. 학생들이 말하는 것이 당신이 좋아하는 내용은 아닐지라도 관심을 가지고 들어 주도록 한다.

또 다른 학생들의 낮은 자아존중감의 원인을 찾는 방법은 또래들과 학생이 이야기하는 것을 들어 보는 것이다. 물론 엿듣는 것은 올바른 게 아니지만 당신이 복도를 걸어 다닐 때 귀를 열어 놓고 친구와 대화하는 것을 듣게 되면 아동에 대한 많은 정보를 얻을 수가 있을 것이다. 학생이 요즈음 관심 있는 주제가 무엇인지를 탐색하려고 해야 한다. 그들은 부모님에 대해서 불평불만을 하지 않는가? 그들의 형제자매들에 대해서는 불평불만을 하지 않는가? 형편없는 성적에 대해서 고민을 하고 있지 않은가? 여자 친구와 남자 친구에 대해서 이야기를 하는가? 복도 또는 교실에서 학생이 이야기하는 것을 통하여 아동의 관심사를 알 수가 있을 것이다.

또한 그들의 숙제를 점검함으로써 학생들의 낮은 자아개념을 알 수도 있을 것이다. 예를 들어 작문 시간에 글의 줄거리는 무엇인가, 주인공은 누구인가, 독서 감상문을 쓸 때 학생은 어떤 책을 주로 선정하는가, 일반적인 주제는 무엇인가를 통하여 학생의 상태를 살펴볼 수 있다.

긍정적 사고

우울한 영화를 본 후에 기분이 우울해진 경험이 있는가? 아마도 당신은 영화 속 불쌍한 사람들에 대하여 동정하고 기분이 우울해진 것일 것이다. 좋은 영화를 본 후에 고무된 적이 있는가? 영화 〈Rocky〉를 본 후에 수많은 사람들은 헬스클럽에 등록하고 권투하는 흉내를 내면서 계단을 뛰어 올라가거나 하였다. 당신을 웃게 만드는 노래가 있는가? 당신을 울게 만드는 노래가 있는가?

사람들의 감정은 다양한 것들에 의하여 영향을 받는다. 낮은 자아존중감을 가진 사람들은 감정의 다양성을 살펴보는 것이 필요하다. 이렇게 하는 데는 많은 방법들이 있다. 예를 들어 그들의 생각을 살펴봄으로써 감정의 다양성을 배울 수 있다. 특히 이것은 과잉활동적이고 우울한 학생들에게는 매우 중요하다.

과잉활동 학생은 신체적 에너지뿐만 아니라 많은 정신적 에너지도 가지고 있다. ADHD 학생들이 자신의 마음에 대하여 이야기하는 것을 들은 적이 있는가? 학생들은 다양한 채널의 텔레비전을 본다. 때로는 한두 개의 부정적 채널을 보기도 한다. 예를 들어 시험을 못 보거나 데이트에서 거절을 당하거나 하는 부정적 프로그램은 학생들의 낮은 자아존중감을 형성하게 만들었다. 더욱이 학생들은 부정적인 프로그램을 인식하지 못한다. 그들은 그냥 우울해지곤 하는 것이다. 당신이 학생들의 사고를 관리하게 하는 것은 학생들에게 크게 도움이 될 것이다.

일단 부정적인 사고가 학생을 괴롭힐 때는 긍정적인 사고를 할 수 있게 도와야 한다. 즉 긍정적인 것에 노출되게 도와야 한다. 예를 들어 긍정적인 환경에 노출되게 돕는 것이다. 감정을 좋게 만드는 영화를 보고 음악을 듣게 하는 것이다. 때로는 웃는 일을 만드는 것도 중요한 도움이 된다. 또한 당신의 학생들이 '나는 시험을 잘 볼 것이다'와 같은 좋은 사고를 하게 함으로써 나쁜 사고를 없애는 것이다. 명상과 기도는 부정적 사고를 대체할 때 유용할 수 있는 방법이다.

창의적 심상

부정적인 사고 패턴을 변화시킬 수 있는 또 다른 방법은 창의적 심상화를 하는 것이다. 단순히 창의적 심상은 '유도된 백일몽'이다. 예를 들어 데이트 신청을 할 때 거절당할 것에 대하여 두려워하는 학생이 있을 때, 데이트 신청 후 상대방이 허락하는 것을 상상하게 하는 것이다. 학생이 불안하다면, 책상에 잘 앉아 있는 것을 상상하게 하는 것이다. 긍정적 사고를 반복하게 하는 것은 효과적인 전략이 될 수가 있다.

성공적 기회를 증진시키고 자아 가치감을 높이기

성공적 경험을 통하여 학생들은 높은 자아존중감을 가질 수가 있다. 부모와 교사는 성공할 수 있는 기회를 학생들에게 많이 제공하도록 한다. 예를 들어 당신은 학생이 올바르게 대답을 할 수 있다는 것을 믿고 질문을 하도록 하는 것이다. 이것은 자신감을 키우고 그들이 토론 수업에 더욱 적극적으로 참여하게 도울 수가 있다.

또한 복잡한 과제를 수행 가능하게 나누어 수행하게 하는 것도 학생의 자아 가치감을 높이는 데 도움이 된다. 예를 들어 학생들이 힘든 보고서를 써야 한다면, 그들은 거대한 숙제에 압도당할 것이고 그것을 하기 힘들어 할 것이다. 당신이 숙제의 단계를 나누어 준다면, 학생들은 해야 하는 것과 수행하기 원하는 활동을 알고 하게 될 것이다. 보고서를 써야 하는 단계는 다음과 같다. 1) 학생들이 재미있는 주제를 찾게 한다 2) 주제에 대하여 알기를 원하는 것을 정하도록 한다 3) 질문에 답을 찾도록 한다.

방대한 숙제를 작게 나누는 이러한 전략은 학생들의 삶에서도 응용될 수가 있다. 예를 들어 대학 결정을 함에 있어서도 이러한 전략을 사용해 볼 수가 있다. 당신이 전공하기를 원하는 것이 무엇인지, 학교는 그러한 전공 분야가 있는지, 학교 등록금은 얼마인지, 그 학교에 입학하려면 당신은 내신과 수능 점수를 얼마나 받아야 하는지를 살펴보는 것이다. 그러고 나면 당신은 학교에 어떻게 지원하는지, 재정적 도움을 받는 부서가 어디인지, 기숙사는 어떠한지를 살펴보는 것이다. 당신이 항상 큰 목표에 도달하기 위해서는 일단 멈추도록 한다. 당신이 해야 하는 각각의 업무 목록을 만들고, 업무 수행을 해 나가면서 큰 목표에 도달하도록 한다.

책임감 경험

교실의 마스코트나 애완동물 관리 책임을 지게 하는 것은 학생의 자아존중감에 중요한 영향을 줄 수 있다. 즉 교사가 학생의 능력을 믿고 있음을 보여 주는 것이다. 동물 이이에도 학생들이 정원이나 공원을 가꾸게 할 수 있다. Humane Society, Habitat for Humanity, 쉼터와 같은 지역 자원봉사 프로그램에 참가하게 하여 지역사회에 도움을 줌과 동시에 책임감을 경험하게 함으로써 자아존중감을 증진시킬 기회를 학생들에게 제공할 수 있다.

자아 반영

정말 삶이 불행하다면 좋은 추억들은 잊기 쉽다. 특히 우울에 고통받는 사람들은 더욱 그렇다. 사람들이 우울한 기분을 느낄 때 그들이 웃고 행복했었던 기억들을 기억하지 못할 수도 있다. 일기를 보는 것은 도움이 될 수가 있다. 학생들이 우울해졌을 때 과거에 즐거웠던 내용이 담겨 있는 일기는 좋은 기억들을 떠오르게 도울 수가 있다.

지지 그룹

종종 지지 그룹은 단지 어른들을 위한 것이라고 생각한다. 사실 여러 상황에 맞는 다양한 지지 그룹이 있다. 예를 들어 아동, 알코올, 이혼한 가정의 자녀, 입양된 아동, 혼혈 아동의 지지 그룹이 있다. 또한 주의 집중력에 문제를 가진 그룹도 있다. 제10장에 도움이 될 만한 지지 그룹들을 제시하였다.

학생들이 독립성과 통제력을 획득하도록 어떻게 도울 것인가?

청소년기는 아동기와 성인기 사이이다. 자아존중감 문제 외에도 청소년기는 삶의 통제와 독립을 바라는 시기이다. 안타깝게도 학생이 통제권을 얻는다면 누군가는 통제력을 잃을 것이다. 선생님과 부모의 경우에는 통제권을 가지기 위하여 학생들과 종종 싸우는 과정을 겪을 것이다. 근본적인 이러한 기간을 최대한 활용하기 위한 전략은 학생들이 자신에게 주어진 삶을 통제하게 허락할 뿐만 아니라 선택하는 방법과 책임지고 행동하는 방법의 권한을 주는 것이다.

학생들이 선택하게 하기

선택하는 것은 매우 독립적인 것이다. 그러나 좋은 선택을 하는 방법과 적당한 목표 설정을 할 수 있게 알려 주는 것이다. 예를 들어 숙제를 줄 때 선택사항을 학생들에게 주는 것이다. 독서 감상문을 쓸 책을 선택하게 하거나 또는 구두 발표로 할지 보고서로 제출할지를 학생이 정하게 할 수 있다. 사실상 모든 교과 과정은 주어진 선택에 기초할 수 있도록 하는 것이다.

또한 학생들은 집에서도 선택을 할 수 있다. 예를 들어 일주일에 두 번 쓰레기를 버리게 하거나 창고 청소, 매주 수요일마다 저녁 메뉴를 선정하게 하거나 할 수 있다. 선택은 모든 영역에서 할 수 있게 하는 것이다.

학생들에게 선택하고 결과에 책임지는 것을 컴퓨터 게임으로도 가르칠 수가 있다. 〈SimCity〉 또는 〈SimIsland〉라는 게임을 아는가? 컴퓨터 게임으로 학생들은 어떤 목표를 얻기 위하여 결정을 하여야 한다. 예를 들어 〈SimIsland〉에서 학생들은 섬의 경치와 자연 자원들을 파괴하지 않으면서 천연 섬을 사람들이 살 수 있는 섬으로 바꾸는 것이다. 매번 결정하는 것이 궁극적인 목표에 도달하기 위해 영향을 주는 게임이다. 또한 학생들이 가족을 부양하기 위하여 자신의 재정을 관리하고 예산안을 짜도록 하는 게임들도 있다.

학생들이 선택을 하게 하는 것은 모든 나이에서 행해져야 한다. 그러나 특히 청소년기에는 중요하게 해야 한다. 선택을 하는 것은 학생의 자아존중감과 정체감에 도움이 될 수가 있다. 더욱이 시행착오를 겪으면서 학생들에게는 최고의 경험이 될 수가 있다.

개별 교육 프로그램을 학생들이 운영하게 하기

학생들의 삶을 통제하게 하는 가장 좋은 방법 중의 하나는 그들 자신의 개별 교육 프로그램 회의에 참여하게 하고 프로그램을 운영하게 하도록 하는 것이다. 학생들이 만나기 원하는 사람들을 초청하고 모든 보고서를 요약하게 하고, 자신의 목표를 설정하게 하고, 자신의 결과물을 모니터하게 한다. IDEA(Individuals with Disabilities Educational Act)의 자신만의 철학을 가질 뿐만 아니라 자신의 교육과 미래에 대한 책임을 가질 기회를 주는 것이다.

독립의 배움

학생들이 자율성을 가질 수 있게 되는 또 다른 전략은 독립을 배우게 하는 것이다. 학생들이 배울 필요가 있는 것에 대한 지침을 교사가 제공할 수 있고, 배운 것을 어떻게 보여 주는지도 학생들에게 달려 있다. 예를 들어 학생이 물의 분자가 가스 상태로 전환하는 단원을 배운다고 가정해 보자. 물이 어떻게 가스로 변화가 되고, 이런 과정이 인간에게 왜 중요한지를 학생들이 이해한 것을 교사에게 설명하도록 한다. 학생들은 학교 도서관에서 책이나 디스커버리 채널, 비디오, 과학 & 산업 박물관을 견학하여 정보를 얻을 수 있다. 주말까지 보고서 제출, 구두시험, 표, 과학적 실험을 통하여 학생들이 얻고 알게 된 지식을 독립적으로 얻는 것이다.

사례로의 적용

청소년기는 변화의 시기이며 아동기와 성인기의 교량 역할을 한다. 안타깝게도 십대 ADHD 청소년들은 사회적 고립, 학업 실패, 약물 문제, 알코올, 법 위반 등의 문제를 일으킨다. 학생이 올바른 성인이 되길 원한다면 그들은 자아 가치, 긍정적인 관계가 필요할 것이다.

이 장에서 논한 사례의 경우를 살펴보자. 폴은 ADHD인가? 폴의 행동을 설명할 수 있는 다른 장애는 없는가? 교사와 부모로서 폴의 자아존중감을 어떻게 증진시킬 수 있을 것인가? 폴이 삶의 독립과 통제를 하도록 어떻게 도울 수 있는가?

폴은 ADHD인가?

폴은 청소년기 ADHD와 비슷한 문제들을 가지고 있다. 그는 자신의 감정을 관리하기 힘들어한다. 그는 약물 남용, 학업 실패, 법 위반을 경험하였다. 그러나 그가 ADHD인가? 당신은 어떻게 생각하는가?

폴은 주의력결핍장애일 수 있다. 그러나 이 경우는 이런 진단을 지지할 충분한 증거는 되지 못한다. 안타깝게도 이런 상황은 너무나 흔하다. 학생들이 나이가 들면 들수록, 그들이 ADHD인지 정확히 진단 내리기는 어렵다. 왜냐하면 다른 형태로 문제들을 보이기 때문이다. 예를 들어, 폴이 중학교를 갈 때까지 주변 사람들은 폴의 쿨하고 터프한 성향으로 인하여 부주의, 충동-과잉행동을 잘 알지 못하였다. 더욱이 약물 남용의 위험이 증가됨을 ADHD 장애 때문이 아니라 부적절한 행동이 증가되는 것의 결과 때문으로 생각하였을 것이다.

폴의 행동을 설명할 수 있는 다른 장애는 무엇인가?

폴이 ADHD가 아니라면 그의 행동의 원인이 되는 것은 무엇일까? 가능성은 많다. 그러나 두 가지 가능성을 살펴볼 수 있다.

첫째, 폴은 약물이나 알코올 남용을 보인다. 약물과 알코올 남용을 하는 경우에 폴과 같이 방어적, 감정 기복, 무기력, 적대적인 모습을 보인다.

두 번째 가능성은 자기 스스로를 어떻게 표현해 나가야 할지를 혼돈스러워하는 시기를 겪고 있을 수도 있다. 청소년기는 매우 도전적인 시기이다. 모든 것이 변화한다. 스스로가 성인처럼 느껴지기도 하지만 주변 사람들은 성인처럼 대해 주지 않는다. 어떤 학생들은 비생산적 방법으로 폴과 같이 반항을 할 수 있다. 그러나 이러한 것이 사실이라면 당신이 폴을 도울 수 없게 된다는 것을 의미하는 것은 아니다. 그렇다면 교사가 할 수 있는 것은 무엇인가?

청소년기에는 세 가지가 필요하다. 첫째, 자아존중감을 증진시키는 것이다. 일반적으로 스스로에 대하여 좋게 느끼고 있는 사람은 약물 남용할 필요성에 대해서 느끼지 못한다. 더욱이 폴의 학업성적이 훌륭했다면, 그는 아마도 학급에 자랑하고 싶었을 것이다.

둘째, 청소년기는 스스로가 독립적이 될 필요가 있다고 생각한다. 그들은 성인의 몸을 가지고 있으나 종종 아이처럼 취급받는다. 즉 청소년기에 독립적이 되길 원하지만 성인으로서 무엇을 해야 할지를 잘 알지 못한다.

마지막으로, 청소년기는 스스로 통제하는 방법을 배워야 한다. 스스로 결정과 실수를 할 수 있다는 것을 알아야 한다. 이것은 학생이 성장하는 동안 한 부분이 되어야 한다.

폴의 자아존중감을 어떻게 증진시킬 수 있을까?

사람들의 자아존중감을 증진시키기 위한 방법은 성공할 수 있는 기회를 주는 것이다. 폴의 경우에는 성적이 좋지 않은 과목에서 성공적인 경험을 하게 할 필요가 있다. 수학, 영어, 과학에 어떻게 참여하게 할 수 있을까?

폴의 경우는 예술 수업을 통하여 경험하게 할 수 있다. 예술 수업 분야와 관련 있는 과목에 관심을 가지게 한다면 폴은 수업 참여 동기를 가질 수 있게 될 것이다. 예술 역사 과목 또는 멋진 작곡가가 되기 위하여 국문학 수업을 듣게 하는 것이다. 더욱이 그가 예술을 좋아한다면 제도를 하게 할 수 있고 이것을 토대로 미술, 수학, 과학 수업에도 참여하게 할 수 있다.

폴의 독립과 통제를 어떻게 증진시킬 수 있을까?

폴의 행동은 그의 삶을 통제하고픈 욕구에서 나오는 것이다. 예술 역사 수업을 그가 좋아하든 안 하든 간에 그는 교사와 부모가 그렇게 하게 만든다는 것을 느끼게 되면 그는 아마도 반항을 하고 거절을 할 것이다. 결과적으로 폴이 스스로 결정할 수 있게 도와야 한다. 그가 선택하게 하는 것은 가치가 있는 것이다.

폴의 가장 큰 문제는 약물 남용이다. 비록 그가 얼마나 약물을 취하는지 알 수는 없지만 초기 개입은 확실히 이루어져야 한다. 약물 위험에 노출된 학생들을 교육하는 여러 가지 방법들이 있다. 한 가지는 중독이 된 또래들에 관하여 이야기를 하는 것이다. 그들의 이야기를 들음으로써 폴의 행동을 변화시키는 것이다. 폴이 자신의 삶을 통제하게 함으로써 자신에 대한 좋은 감정을 느끼고 약을 필요로 하지 않음을 결정할 수 있게 해야 한다.

CHAPTER 08

ADHD 성인을 위한 전략

이 장의 목표

이 장에서는 다음의 질문에 대해 답한다.

1. 성인기 ADHD는 어떠한가?
2. 교육 과정을 지속하게 하고 안정적 취업 생활을 위해 어떠한 준비를 하게 할 것인가?
3. 결혼과 친밀감을 위해서 어떠한 준비를 하게 할 것인가?

사례 연구 : 캔데이스

나에게는 도움이 필요한 친구가 있습니다. 그녀의 이름은 캔데이스이고 매사 모든 것이 불만입니다. 사회적 삶이 없다면 불만이 없을 텐데, 그녀는 너무 바쁜 것 때문에 매사 불만이었습니다. 더욱이 그녀는 이성과의 관계에서 지나치게 열성적입니다. 누군가와 교제할 때 몇 번 데이트를 하지 않아도 매우 심각하게 생각을 하곤 합니다. 그 결과, 그녀는 안정적인 남자 친구를 만난 적이 별로 없습니다.

내가 캔데이스를 좋아하지 않는다는 것은 아닙니다. 사실 우리는 한 달에 두세 번을 만납니다. 그러나 가끔 그녀와 함께할 때 매우 힘들기도 합니다. 모든 것이 그녀에게는 큰 문제입니다. 항상 그녀는 적어도 한 시간씩은 늦습니다. 그녀는 늦은 이유에 대해서 정확하게 말할 필요가 있다는 것을 알고 있어 너무 자세히 변명을 하지만 항상 요점은 없었습니다. 대부분의 시간을 그녀는 계속 두서없이 말을 하곤 하였습니다.

그녀의 집은 마치 시트콤에 나오는 집과 같습니다. 우선 너무 지저분합니다. 옷이 더럽든 깨끗하든 침대 위에 던져져 있고, 책은 거실 여기저기에 흩어져 있습니다. 부엌의 가재도구들은 더러운 싱크대 위에 놓여 있기도 합니다. 또한 캔데이스는 항상 자신이 물건을 어디에다 두었는지를 몰라 찾느라고 한 시간을 보내기도 합니다.

캔데이스는 주의가 산만하지만, 사실상 그녀는 매우 똑똑한 사람이라는 것이 정말 슬픈 일입니다. 그녀는 어려운 문제를 창의적으로 해결하고 독특한 관점으로 바라보거나 하는 것에 매우 익숙합니다. 내가 알기로 그녀는 대학을 가려고 하였지만 형편없는 성적 때문에 두 번이나 낙방을 하였습니다. 사실상 그녀는 고등학교조차도 졸업하기가 힘들었습니다.

그녀의 행동은 사회적으로뿐만 아니라 직업적으로도 부정적인 영향을 주었습니다. 그녀는 과거 3년 동안 7가지의 직업을 가졌습니다. 이 중 세 번은 해고를 당하기도 하였습니다. 초기에는 즐겁게 직장을 다니지만 2주 정도가 지나면 자신의 직업을 힘들어하였고, 동료와의 관계도 안 좋아지곤 하였습니다.

캔데이스가 항상 말하지만 그녀의 삶은 엉망입니다. 안타깝게도 그녀는 어떻게 좋아질지 자신이 왜 그런지를 이해하기 힘들어하는 것으로 보였습니다.

● 사례연구에 대한 질문

1. 캔데이스가 ADHD라고 생각이 드는가? 설명하라.
2. ADHD 이외에 캔데이스의 어려움의 원인은 무엇인가?
3. 직업과 교육을 지속할 수 있게 어떠한 도움을 줄 수 있을까?
4. 사람과의 관계가 호전될 수 있도록 어떠한 도움을 줄 수 있을까?

성인기 ADHD는 어떠한가?

ADHD 성인은 아동들과는 달리 몇 가지 특성들이 있다. 여러 연구에서 나이가 들어감에 따라 ADHD 증상들은 사라진다고 한다(Hallowell and Ratey, 1994; Weiss, 1992). 대부분의 전문가들은 ADHD 성인들이 일반 성인들과 비교해서 일상 적응에 큰 어려움들이 있다고 하였다(Hallowell, 1993; Nadeau, 1994; Weiss and Hechtman, 1986). 예를 들어, 취업, 지속적 학업, 결혼, 일상 적응에 큰 문제를 보인다(Murphy, 1992)

Weiss와 Hechtmann(1986)의 연구에서 ADHD 학생들의 30퍼센트 이상은 고등학교를 졸업하는 데 실패할 것이며, 5퍼센트 이내의 ADHD 학생들이 학사학위를 받을 것이라고 한다. 더욱이 ADHD 학생이 성인이 되었을 때, 그들은 약물, 알코올, 음식, 충동 쇼핑, 과도한 일, 불법적인 일에 몰두하게 된다고 한다(Wender, 1987). 결과적으로 ADHD 75퍼센트의 성인들은 특히 중요한 타인들과 만성적 관계 문제를 보인다고 한다.

고용, 결혼, 학업은 ADHD 성인의 세 가지 영역의 문제이다. 예를 들어, ADHD 성인들은 자주 부과된 일을 지루해하고 동료들과의 관계 문제

때문에 종종 직업을 바꾸기도 한다. 더욱이 그들의 산만, 비조직화, 반사회적 인성, 부주의가 직업을 잃는 데 영향을 준다.

ADHD 성인들은 이혼이나 부주의한 관계를 경험하는 비율이 높다(Nadeau, 1994; Weiss, 1992). 일반적으로 배우자들은 ADHD 성인들과 성적 관계를 유지하는 데 힘이 들고(Hallowell and Ratey, 1994) 좋은 관계를 유지하는 데 필요한 의사소통 기술도 부족하다고 보고한다.

학업 지속, 고용, 그리고 사람들과의 관계는 모든 성인들의 삶에서 중요한 요소들이다. 대학 학위를 받지 못하고 고등학교 졸업을 하지 못한다면 당신의 삶이 어떠할지 상상해 보자. 당신의 직업 고용은 어떠할까? 한 달에 세 번에서 네 번 정도 직업이 바뀐다면 어떠할까? 당신은 빨리 승진할 것이라고 생각하는가? 당신의 사회적 관계는 어떠한가? 성적 친밀감도 즐기지 못하고 효과적으로 의사소통을 하지 못한다면 성공적으로 살 수 있을까?

부모든 교사든 간에 당신은 학생들이 성인의 삶을 준비하게 해야 한다. 이것이 교육의 목표이다. 읽기, 쓰기, 산수 등을 가르치는 것보다 이러한 교육이 더 필요하다. 즉 성인의 삶을 준비하게끔 해야 한다. 이렇게 함으로써 능력과 관심에 부응하는 직업을 찾을 수 있도록 도와야 한다. 대인관계를 유지하고 사회적 기술을 발달시키게끔 해야 할 것이다. 결과적으로 약물과 알코올 중독 같은 삶에 직면하지 않게 가족과 학생들에게 교육을 해야 할 필요가 있다. 학생이 초기에 준비함으로써 더욱더 성공적인 성인의 삶으로 발달하게 될 것이다.

교육 과정을 지속하게 하고 안정적 취업 생활을 위해 어떠한 준비를 하게 할 것인가?

ADHD 성인들은 영리하고, 창의적이며 에너지가 많은 특징을 가지고 있다. 안타깝게도 이러한 잠재력을 충분히 발휘하지 못한다. 여기에 해당되는 사람들은 대학을 졸업한 ADHD 소수의 성인들일 것이다. 요즈음 대학 교육을 받지 않고 전문가로서 성공적인 삶을 살기는 거의 힘들 것이다.

학교에서 성공하기 힘든 것과 마찬가지로 일에 있어서도 그렇다. 일에 있어서 권위에 불복종하고, 사람들과의 관계가 좋지 못하며, 일관성 있게 일을 하지 못하고, 조직화하지를 못한다. ADHD 성인은 많은 장점도 있지만, 이러한 장점을 발휘하기 위해서는 단점을 최소화하는 것이 필요하다.

학교에 적응하게 하기

많은 ADHD 학생들이 대학교에서 낙오하거나 학위를 받지 못하는 이유 중의 하나는 그들이 고등학교 시절에 많은 지지를 받지 못하는 것 때문이다. 대학에는 개별 교육 프로그램이 없고 이러한 모임도 없다. 대학교 학생들은 근본적으로 스스로 졸업을 한다.

ADHD 학생들이 대학에서 적응을 잘 못하는 또 다른 이유는 그들에게 유용한 정보를 잘 모르기 때문이다. 예를 들어, 노트 필기나 시험 시간과 같은 것들에 대한 정보를 놓치는 경우가 많은 것이다. 더욱이 쓰기 클리닉이나 학생 센터와 같은 곳도 이용할 줄 모른다. 당신 학생의 성공적인 대학 적응을 돕기 위하여 고등학교 때 개별 교육 프로그램 모임에서 대학 관계자를 초청하여 만나게 하는 것이다. 대학 관계자는 학교 캠퍼스에 대한 설명과 서비스를 어떻게 이용하는지에 관한 정보를 줌으로써 대학 환경에 당신의 학생이 잘 적응하게 돕는 것이다. 더욱이 대학 관계자는 ADHD 성인들이 학업에 신경을 쓰는 것에 대한 두려움이 줄어들게 도울 수 있다.

학교에서의 지지

대학에는 학생들이 대학 생활 적응을 잘할 수 있게 도움을 주는 동호회나 사람들이 있다. 예를 들어, 학습장애 학생들을 돕기 위한 동호회가 있고, 학교 적응에 성공한 ADHD 성인 동기들이 대학 생활의 요구에 잘 적응하게 도움을 줄 수가 있다.

더욱이 상담과 특수 교육은 ADHD 학생에게 크게 도움이 된다. 대학 기관에서 무료 또는 적은 비용으로 상담을 받을 수가 있다. 특수 교육 부서에서는 대학 생활에 도움이 될 만한 교과과정 수정을 도울 수가 있다. 이러한 것은 대부분의 학교에서 도움을 받을 수가 있다. 그러나 학생이 스스로 자신의 삶을 개척해 나갈 수 있게 도와야만 한다. 일단 그들이 고등학교를 졸업하면 학생 스스로 개별 교육 프로그램의 주인이 되어야 한다.

자신의 적성에 맞는 직업 찾기

ADHD 성인들이 직업을 잘 선택하게 도와야만 한다. 그렇다면 어떻게 도울 수 있겠는가?

올바른 직업을 가지게 돕는 방법은 몇 가지가 있다. 직업 상담가는 직업을 어떻게 찾을지를 도와주는 것이다. 또한 적성 검사와 학생의 강점과 약점 그리고 관심 분야를 알 수 있는 객관적 검사를 실시하여 알려 줄 수가 있다. 이러한 검사들은 다음과 같다.

- Reading Free Vocational Interest Inventory (RFVII) (Becker, Schull, and Cambell, 1981)
- Strong-Campbell Interest Inventory (Campbell and Hansen, 1981)
- Self-Directed Search (Form E) (Holland, 1985)
- Vocational Interest and Sophistication Assessment (VISA) (Parnicky, Kahn, and Burdett, 1971)
- Vocational Profile (Callahan and Garner, 1997)
- Woodcock-Johnson Psycho-Educational Battery, Part Three – Tests of Interests (Woodcock and Johnson, 1977)

상담, 적성 검사, 관심 척도 이외에도 당신의 학생들은 경험을 통하여 적합한 직업을 찾아볼 수가 있다. 여름방학마다 다양한 직업을 접해 보게 권하는 것이다. 즉 다양한 직업을 경험하게 하는 것이다. 또한 다양한 분야의 수업을 듣게 하는 것이다.

모든 사람에게 완벽한 직업이라는 것은 없다. 어떤 사람은 사람들과 함께하는 것을 좋아하기 때문에 가르치는 것을 좋아할 수가 있다. 다른 사람들은 세부적인 것에 집중을 잘하기 때문에 컴퓨터를 좋아할 수 있다. 비록 모든 사람에게 적합한 직업은 없으나 ADHD 성인들이 직업에서 성공할 수 있게 도울 수 있는 직업적 특성은 있다.

예를 들어, ADHD 성인들은 가르치는 것과 같은 다양함을 제공해 줄 수 있는 직업이 이점이 될 수 있다. 교사들은 교실에서 정보를 주고자 하고 성적표를 작성하고 학생들과 일대일로 만나며 회의에 참석하고 과제를 준비하는 일들을 한다. 교사라는 직업은 매우 다양하고 결과적으로 성인 ADHD의 주의를 유지하게 할 수가 있다.

ADHD 성인에게 좋은 직업은 활동적인 것이 좋다. 활동적인 것에는 운동과 활동성이 포함될 수가 있다. 작가와 연구가는 ADHD 학생들에게 적합한 직업이라고 생각하는가? 아마도 그럴 것이다. 비록 작가와 연구가가 상당한 시간을 컴퓨터 앞에 앉아 있지만, 워드를 치는 것은 성인 ADHD에게 어느 정도 충분히 활동적이 될 수가 있다.

결과적으로 ADHD 성인에게 좋은 직업은 자기 스스로 주도하는 것이다. 이러한 직업은 스스로 보스 역할도 하면서 스스로 속도 조절을 할 수 있는 것이다. 사업을 경영하는 것은 자기 주도적인 것의 예가 될 수가 있다. 비록 사업을 하는 것은 많은 시간을 필요로 하지만 그들이 무엇을 할지와 언제 할지를 스스로 결정할 수가 있다.

일의 적응

일단 직업을 가지게 되면 ADHD 성인들은 직장 생활에 성공적으로 적응하기 위하여 다양한 요구를 할 수 있다. 예를 들어, ADHD 성인들은 잦은 휴식을 요구할 수 있고 사무실에 창문을 요구하거나 또는 형광등 불빛이 너무 밝지 않았으면 하는 것들을 바랄 수가 있다. 더욱이 ADHD 성인들은 자신이 흥분하여 집중하기 힘들다면 잠시 일을 쉬고 그러고 나서 집중을 잘할 수 있을 때 일에 몰두하는 등 시간을 융통성 있게 사용할 수 있어야 한다.

결혼과 친밀감을 위해서 어떠한 준비를 하게 할 것인가?

이러한 것은 일반 성인에게도 어려울 수가 있지만 ADHD 성인에게는 이러한 활동이 상당한 '정신적 고통'이 될 수가 있다. 예를 들어, 작은 공간에 갇혀 어떻게 해서든 나가려고 한 적이 있는가? 당신이 갇혔을 때 느낄 수 있는 강한 불안을 기억하는가? 또는 공기가 없어질 것 같은 생각이 들지 않았는가?

예를 들어, 단순히 사람과 사람이 서로 가볍게 껴안는 것이 성인 ADHD에게는 참기 어려울 수가 있다. 바싹 안기도 마찬가지일 것이다. 부드럽게 안는 것은 ADHD 성인, 특히 과잉활동적인 행동을 보이는 사람에게는 불안감을 느끼게 할 수 있다.

더욱이 ADHD들은 자신의 에너지를 조절하는 데 어려움을 보인다. 어느 날 성인은 활동적으로 그들의 배우자와 상호작용을 하다가 그 다음날은 반대로 피곤해하거나 모든 것을 귀찮아하는 모습을 보인다. 이러한 점이 파트너에게는 커다란 속상함을 줄 수가 있으며 다음에 사이클이 언제 시작될지를 아무도 모른다.

ADHD 성인의 삶을 통하여 사회적 기술은 발전되지 않는 경향이 있다.

종종 그들은 다른 사람의 관점을 이해하기 힘들 뿐만 아니라 그들의 감정을 통제하기가 어렵다. 또한 그들은 감정을 적절하게 표현하거나 중요한 타인과 의사소통하는 능력이 부족하다. 종종 ADHD 성인들의 파트너는 ADHD 성향을 이해하기 힘들고 증상과 관련된 문제에 어떻게 대처해야 할지를 모른다. 당신이 도울 수 있는 몇 가지 방법들이 있다.

결혼 전 수업

결혼 전 수업은 개개인의 욕구를 이해하는 데 크게 도움이 될 수 있다. 특히 의사소통 기술이 부족한 ADHD 성인에게 크게 도움이 될 수 있다. 의사소통을 증진시키기 위해서 결혼 전 수업에서 의사소통의 기술을 알려주어 더 나은 부부관계를 가질 수 있게 도울 수 있다.

개방적 의사소통

개방적 의사소통은 결혼 전 수업에서 배워야 할 중요한 전략 중의 하나이다. 종종 서로 다른 행동이나 오해 때문에 생기는 분노를 커플끼리 숨길 수가 있다. 이러한 감정에 관하여 말할 수 있는 것은 서로 힘든 시기에 크게 도움이 될 수가 있다.

ADHD에 관하여 배우자를 교육하기

직장 동료, 친구, 교육자, ADHD 성인의 파트너에게 ADHD 증상을 이해시키는 것이 필요하다. 그들에게 과잉활동, 충동, 부적절한 사회적 기술과 관련된 문제들을 이해시킬 필요가 있다. 이해가 없다면 사랑하는 사람의 독특하고 보편적이지 않은 행동의 결과에 대해서 파트너들이 좌절을 경험할 수가 있다.

ADHD 성인 파트너를 교육시키기에 도움이 될 수 있는 여러 가지 방법들이 있다. 예를 들어, 지지 그룹이나 ADHD 조직(예, CHADD)의 모임에 참여하는 것이다. 비전문적인 용어로 쓰인 책이나 사설을 제시하거나 ADHD 성인들의 다른 파트너들과 여러 가지 이야기를 나눌 수 있다. 제10장에서 책과 웹사이트와 정보를 제공하고 있다. ADHD 성인들의 파트너를 도울 수 있는 동호회 그룹은 주의력결핍 과잉행동장애를 더욱더 이해하게 만들 수 있다.

행동을 보지 말고 의도를 살피게 하기

칭찬 같기도 하고 모욕 같기도 하는 말을 하는 사람을 만난 경험이 있는가? 예를 들어, 어떤 학생이 "앞으로 더 좋은 선생님이 될 거에요."라고 말하거나 "당신은 행동하는 것보다 똑똑한 것 같아요." 하는 말을 들었을 때 이러한 말들은 때로는 오해의 소지가 있으며 불편한 감정의 원인이 될 수 있다.

커플의 좋은 관계를 유지하게 하기 위하여 그들 말의 의도를 잘 살펴야만 한다. 더욱이 배우자는 ADHD 성인의 말의 부주의를 이해할 수 있어야만 한다. 다시 말해서 ADHD 성인의 배우자는 실제 ADHD 행동이 아닌 의도를 살피도록 해야 한다.

성적 활동 계획하기

커플의 사랑하는 삶은 자연스러운 것이다. 성적 활동 계획을 통하여 성적 행동이 매우 즐거운 것이라는 것을 발견할 수 있게 도울 수가 있다. 다시 말해서, 친밀함을 나누는 시간이 커플에게는 가장 좋은 때라는 것을 ADHD 성인이 알게 할 필요가 있다. 예를 들어, ADHD 성인들은 정서적, 신체적으로 지친 채 집으로 돌아올 수가 있다. 반대로, 개인이 너무 활동적이어서 섹스에 집중을 잘 하지 못할 때가 있을 수가 있다. 이러한 때에 정규적으로 친밀감의 시간을 계획하는 것이 도움이 될 수가 있다.

지지 그룹 형성

교사나 ADHD 주변의 성인들이 아무리 많은 지식을 가지고 있을지라도 학생들이 교사로부터 배우는 것보다 그들의 동료로부터 더 많은 것을 배울 수 있는 시기가 있다. 책이나 학교 강의, 당신의 학생들을 관찰해 보면서 ADHD에 관하여 어느 정도 알게 된다. 그러나 자신이 ADHD가 아니라면 이러한 지식은 제한적이다. 아이를 낳지 않은 사람이 엄마에 대해서 설명하는 것과 같은 것이다. 당신은 통계 자료를 인용하고 관찰한 사실을 설명하지만 한계가 있을 것이다. 따라서 지지 그룹은 중요하고 ADHD 아동을 이해하는 데 도움이 된다.

제10장을 살펴보면 ADHD와 그들의 가족을 위한 지지 그룹과 더불어 여러 조직이 있다. 당신의 지역에 지지 그룹들도 있다. 그러나 교사가 학생과 부모들이 지지 그룹을 만들 수 있게 도울 수도 있다. 학생과 부모가 지지 그룹을 만들 수 있게 하는 몇 가지 방법들을 아래에 제시하였고 살펴보면 다음과 같다.

1. 가족들끼리 함께 모여 워크숍을 하는 등의 모임을 정규적으로 가지도록 한다. 서로 가족들끼리 사회적 모임을 통하여 만나고 서로 아는 기회를 가지도

록 한다.

2. 학생들과 부모를 도울 수 있는 자체 신문을 만들도록 한다. 아마도 신문은 독자들에게 ADHD에 관한 많은 정보와 자료를 제공할 수 있을 것이다.
3. 학생과 부모가 어떠한 문제에 대하여 궁금한 게 있다면, 이러한 점에 대하여 비슷한 경험이 있는 가족이 정보를 줄 수 있도록 한다. 그러나 당신이 그들의 이름과 전화번호를 주기 전에는 우선 정보를 알고 있는 가족의 허락을 구하도록 해야 한다.
4. 초등학교, 중학교, 고등학교의 학생들과 연계를 하도록 한다. 예를 들어, 당신이 중학교 학생을 가르치고 있다면 현재 초등학교 학생들의 부모들과 만남을 가지도록 한다. 더욱이 학생이 고등학교를 올라갈 때는 고등학교 교사를 만날 수 있게 하도록 한다.
5. 부모와 학생이 지지 그룹을 유지하고 발달적으로 이끌어 나가게 하도록 한다. 결국 이 모임은 부모와 학생 교사가 함께 운영해 나가는 것이다.

사례로의 적용

ADHD 학생들에게 고등학교 졸업은 쉽지만은 않다. 사실상 아동과 청소년기보다 ADHD 성인들에게는 다른 문제들이 있다. 예를 들어, 고등학교와 달리 특수 교육 프로그램 없는 대학 시기가 학업적 장애 문제로 인하여 힘이 들 수가 있다. 또한 ADHD 성인들은 고용주의 기대에 미치지 못하고 사람들과의 관계에도 문제가 있을 수 있다. 성인기를 잘 보내기 위하여 학생들이 성인기를 준비할 필요의 이유가 몇 가지 있다. 빠른 시기에 성인 시기를 준비할수록 크게 도움이 될 수가 있다.

이 장의 처음에 나오는 캔데이스의 사례를 다시 한 번 읽어 보자. 그녀가 ADHD라고 생각이 되는가? 그녀가 ADHD가 아니라면 그녀의 어려움의 원인이 되는 것은 무엇인가? 캔데이스가 대학과 취업에서 성공할 수 있게 어떠한 도움을 줄 수 있을까? 사람들과의 좋은 관계 유지를 위하여 어떻게 도움을 줄 수 있을 것인가?

캔데이스는 ADHD인가?

당신은 무질서하고 자기 마음대로인 캔데이스와 같은 사람을 주변에서 보았을 것이다. 그들은 ADHD라고 생각이 드는가? 어떤 유형인가?

캔데이스의 경우에는 주의력결핍장애로 보인다. 예를 들어, 그녀는 물건을 자주 잃어버리고, 조직화하지 못하며, 산만하다. 그리고 과도하게 말을 많이 한다. 직장을 자주 바꾸고 꽤 불안정해 보인다. 아동기 동안에 보인 행동을 살펴보면 ADHD-C 범주에 해당될 가능성도 있어 보인다.

캔데이스 행동의 원인이 될 수 있는 것들이 또 무엇이 있을까?

누군가가 ADHD의 가능성이 확실하지 않다면, 당신은 항상 다른 가능성을 생각해야만 한다. 예를 들어, ADHD 이외에 캔데이스 문제의 원인은 무엇인가?

가장 명백한 대안은 캔데이스의 정서적 문제가 될 수 있다. 아마도 취업과 대인관계 문제로 인하여 매우 힘이 들었고, 그 결과 그녀는 부주의하고 산만해졌을 수가 있다. 중요하게 물어보아야 할 질문은 "캔데이스가 어렸을 때는 어떠했는가?"이다. 그녀가 어려서부터 산만하고 부주의했다면 ADHD 진단이 강해진다. 그러나 그녀의 행동이 최근부터라면 그녀의 불행한 삶과 같은 상황적 문제가 원인이 될 수가 있다.

캔데이스가 대학교와 취업에서 성공하게 어떠한 도움을 줄 수 있을까?

당신이 캔데이스의 선생님이라고 가정해 보자. 1학년에서 12학년까지 당신이 지도했는지 안 했는지가 문제가 아니다. 학업적으로나 전문적으로 성공할 수 있게 당신이 어떻게 도움을 줄 수 있을까?

캔데이스를 도와줄 방법은 스스로 지지하는 방법을 가르치는 것이다. 이것은 특히 대학생활과 일에 있어서 그녀의 삶에 크게 도움이 될 수가 있다. 고등학교를 떠난 후에 캔데이스는 적응 잘하는 학생과 직장인이 되기 위하여 고용주, 교수와 적응을 위한 협상을 했어야 한다. 따라서 학생들에게 이러한 협상하는 방법을 알려 주는 것은 좋은 방법이 될 수가 있다.

추가적으로 당신은 캔데이스가 자신의 강점, 약점, 관심을 알 수 있게 도울 필요가 있다. 이후에 그녀는 적당한 대학과 고용주를 찾게 될 것이다. 더욱이 그녀가 강한 자기 주장 기술을 가지고 있다면, 캔데이스는 그녀가 원하는 것이 무엇인지 그것을 어떻게 취득하는 건지를 알 것이다.

캔데이스가 주변 사람들과 좋은 관계를 유지하게 어떻게 도와줄 수 있을까?

관계가 없는 삶은 풍족하지 않은 삶이 될 수가 있다. 이러한 이유 때문에 학생들이 건전한 관계를 유지하고 발전시키는 데 도움이 되는 기술을 획득하게 도울 필요가 있다. 당신은 어떤 기술을 가르칠 것인가?

자기 주장과 더불어 자아 인식을 가르치도록 한다. 또한 캔데이스에게 효과적인 의사소통 기술을 알려 주도록 한다. 더욱이 그녀는 타인의 감정을 공감할 수 있을 뿐만 아니라 자신의 정서를 통제하게 도울 필요가 있다. 이러한 기술은 어느 나이에서나 가르칠 수가 있다. 즉 모든 삶에 크게 도움이 될 수가 있는 것이다.

CHAPTER 09

교육적 프로그램 접근

이 장의 목표

이 장에서는 다음의 질문에 대해 답한다.

1. 교사는 학생에게 필요한 것을 어떻게 결정할 것인가?
2. 학생에게 적절한 목표는 무엇인가?
3. 동기 부여를 어떻게 해야 할까?
4. 학생이 자신의 목표에 도달하도록 어떻게 할 수 있을까?
5. 교육 계획들이 학생에게 도움이 되는지를 교사가 어떻게 알 수 있을까?

도 입

당신이 ADHD 학생이나 아동을 가르친다고 가정해 보자. 당신은 교실이나 집의 환경을 바꾸는 방법들을 선택해야 하고 잘 가르치기 위한 방법들과 전략들을 살펴보아야만 한다.

에펠 타워, 개선문, 브루클린 타워와 같은 여러 가지 아름다운 건축물을 당신 스스로 그려 보자. 각이나 폭을 재면서 그리는 대신에 꼬마 아이가 메시 포테이토를 캔버스 위에 놓듯이 그릴 것이다. 안타깝게도 교육은 이런 방식으로 이루어지고 있다.

가르침은 과학일 뿐만 아니라 예술이다. 각도나 지각을 고려하지 않는 그림은 아름다운 그림일 수 있으나 현재 학생의 능력을 고려하지 않는 가르침은 '교육적 과실' 로 간주될 수 있는 것이다. 교사의 전략이 학생들의 목표에 도달하게 돕는지를 고려하는 것은 매우 중요하다.

교사는 학생에게 필요한 것을 어떻게 결정할 것인가?

학생과 함께하기 전에 교사는 우선 중요하게 가르쳐야만 하는 것이 무엇인지를 결정하는 것이 좋다. 다음 학년에 진급하기 위하여 '일반' 학생이 알 필요가 있는 것이 무엇인지를 결정해야 한다. 예를 들어, ADHD 아동이 3학년이라고 가정해 보자. 당신은 4학년 과정을 살펴볼 수 있고 4학년 학급에서 성공적으로 적응하기 위해 필요한 기술들을 4학년 선생님들에게 요청할 수도 있다. 4학년 시기 동안 학생이 무엇을 배울 필요가 있는지에 대한 정보를 주는 것이다. 그러나 행동은 어떻게 할 것인가? 당신이 학생에게 가르쳐야만 하는 행동을 어떻게 결정할 것인가?

학생의 행동적 요구를 살펴보기

이상적으로 모든 학생들은 그들의 책상에 조용히 앉아 있어야만 하고 말을 할 때는 조용히 손을 들어야 한다. 그러나 이러한 것이 현실에서 꼭 해야만 하는 학생의 규준은 아니다. 과잉행동 아동과 일반 아동의 행동이 다름을 어떻게 알 것인가? 발달적으로 야단법석인 행동이 적합할 때는 언제이고 ADHD의 원인이 되는 것은 언제인가? 학생들이 과잉활동적이지 않고 몇 번 정도 의자에서 일어날 수 있는 것인가? 당신의 학생이 집중력 훈련이 필요한지 사회적 기술이 필요한지를 어떻게 알 것인가?

이러한 것은 매우 힘든 질문들이다. 안타깝게도, 그것에 답하는 것은 쉽지가 않다. 그러나 '일반적' 으로 보이는 다른 학생들과 ADHD 아동이 함께해야 한다는 것을 기억해야만 한다.

과거에 묶여 있는 것은 무엇인가?

우선 교사들은 학생 생활 기록부에 ADHD 진단을 보고 나면 자동적으로 학생들의 목표가 주의 집중과 사회적 기술 증진이라고 생각한다. 이러한 교사들은 학생들의 실제 행동이 일반 또래들보다 좋은지 나쁜지 결정하는 것에 노력할 필요가 없다. 그것에 대하여 생각해 보자. 모든 ADHD 진단을 받은 사람이 집중력과 사회적 기술 증진이 필요하다고 생각하는가? 그렇다면 ADHD 고등학교 학생들은 아동기부터 교사로부터 배웠기 때문에 주의 집중력을 극대화할 수 있는 기술을 알고 있어야만 하고 적절하게 행동하는 능력을 이미 가지고 있어야만 한다.

누구의 목표인가?

두 번째, 이러한 것은 당신의 목표가 아니다. 학생의 목표이다. 교사는 학생이 필요로 하는 것이 무엇인지를 결정하는 사람이 아니다. 오직 개별 교육 프로그램과 학생들에게 전적으로 달려 있다. 교사가 개별 교육 프로그램 만남에 참여했을 때 단지 팀의 일원일 뿐이다. 교사는 교육자임을 알아야만 한다. 부모는 그들의 아이들을 더 잘 안다. 학생들을 돕기 위하여 모든 팀의 구성원들은 함께해야만 한다.

매년 목표를 결정하는 개별 교육 프로그램 팀을 돕기

개별 교육 프로그램 팀은 매년 목표를 세우고 학생들을 어떻게 도울 것인가? 당신이 학생들에게 목표를 묻도록 한다. 그들이 어떠한 아이디어가 없다면 5, 10, 20년 후의 학생의 모습을 그려 보도록 한다. 만약 대학 시절을 상상한다면 학위를 받기 위하여 학생들에게 필요할 기술 목록을 브레인스토밍하도록 한다. 그들이 결혼을 상상한다면 사랑스럽고 친밀한 관계를 발달시키기 위한 의사소통 기술이 무엇인지를 살펴보게 한다.

적절한 답은 없고 완벽한 해결책도 없다. 학생이 이러저러한 장애가 있을 때 그리고 이러저러한 성격에 맞는 정답과 해결책은 없다. 듣고, 관찰하고 많은 질문을 하도록 한다. 이러한 것을 통하여 학생에게 필요한 것을 결정할 수가 있는 것이다.

왜 '일반' 학생에 초점을 맞추는가?

학생에게 필요한 것이 무엇인가를 결정할 때 꼭 지켜야만 하는 것이 있다. 왜 '일반적인' 학생들이 할 수 있는 것과 할 수 없는 것에 초점을 맞추는가? 무엇이 문제인가? 읽을 수 없는 학생이 있다면 학생에게 읽는 법을 가르쳐야 한다. 자학하는 행동을 하는 학생이 있다면 그것을 멈추게 해야 한다. 5학년이 대학 삼각법을 할 수 있다면 졸업반의 삼각법을 가르쳐야 한다.

당신이 식당에서 직업적 기술을 가르친다고 가정해 보자. 그릴은 일반 학생들이 담당하게 한다. 일반 학생들은 고기를 굽고, 빵을 손님 테이블에 놓게 한다. 이러한 것을 어떻게 ADHD 학생들이 하기를 원하겠는가?

학생들이 원하는 것이 무엇이든 간에 ADHD 학생에게 적절한 것을 가르쳐야 한다. 또래들이 무엇을 하는가가 문제가 아니다. ADHD 학생이 가능한 것을 하게 한다. 이러한 것이 가르침이다.

학생에게 적절한 목표는 무엇인가?

교사는 학생들, 가족 구성원들과도 어느 정도 이야기를 나누어 다양한 정보를 얻는 것이 필요하다. 이러한 과정을 통하여 교사는 학생이 필요한 것이 무엇인지 많은 정보를 얻게 될 것이다. 그러나 적절한 목표를 어떻게 결정할 것인가? 다시 말해서 명확한 답은 없다.

학생의 목표

당신이 심각한 ADHD-C 유형의 학생이라고 가정해 보자. 의자에 조용히 앉아 있지를 못하고 모든 과목에서 낙제하며, 집중을 잘 하지 못하고, 평균 이하의 낮은 지능을 가지고 있다. 그럼에도 불구하고 이 학생의 부모는 대학에 보내고 싶어 하고 유명한 물리학자가 되기를 원한다.

불평불만이 많고 잘 웃지 않으며 사회적 능력이 서투른 아동이 있다고 해 보자. 행동이 너무 부적절하여 행동을 이해할 수가 없다. 더욱이 그는 심한 우울로 인한 감정기복도 보이고 다른 사람과 관계 맺기가 어렵다. 여전히 이 학생은 법조인과 경찰관이 되려고 한다. 과연 이러한 것이 이 학생에게 적절한 목표일까?

또 예를 들어 보자. 매번 문제를 일으키는 학생이 있다고 가정해 보자. 그는 친구들과 싸우고 방과 후에 술을 마시고 시작한 것을 마치지 못하며, 책 읽는 것을 좋아하지만 그는 학교에서는 책 읽는 것을 거부하고 숙제를 마치지도 못한다. 개별 교육 프로그램에서 그는 비록 작곡과 노래를 잘 하지 못하지만, 로큰롤 스타가 되기 원한다고 하였다. 이 학생에게 적절한 목표일까?

이런 꿈들이 학생들에게는 멋있어 보이지만, "네가 가지고 있는 그 꿈은 좋은 꿈이지만, 적당한 목표는 아닌 것 같구나.", "그 꿈은 현실적이지 않구나."라고 말을 해 주어야 한다. 위 사례의 세 명의 학생들에 대해서 생각해 보자. 그들의 목표에 대해 부정적인 것만 말할 것인가? '로큰롤 스타는 좋은 것이 아니다' 가 아니라 대안적인 목표를 준비해 주어야 한다.

사실상 첫 번째 사례의 학생은 아인슈타인의 경우와 비슷하다. 아인슈타인이 '느린' 아동으로 취급받은 것을 아는가? 사실상 그는 과학과 수학 분야에서 실패하였다. 인생 후반에 와서야 그는 천재로서 인정받게 되었다.

두 번째 학생은 아브라함 링컨을 닮았다. 그는 심각한 우울증과 수줍음으로 고통을 받았다. 그는 자주 이웃의 물건들을 잃어버렸으나 돌려줄 용기조차 없었다. 더욱이 그의 형편없는 기억력은 전설이었다. 그의 부인은 백악관에서 그의 물건들을 찾으러 다녔고 그 결과 그는 물건을 잘 잃어버리지 않았다.

세 번째 학생은 존 레논과 닮았다. 매우 명석한 아동이지만 존 레논은 숙제하기 힘들어했고 고등학교 졸업도 힘들어하였다. 그는 논쟁적이고 불복종적이며 자신의 분노를 다루기 힘들어하였다. 그는 술을 자주 마시고 잘 잊어버렸으며, 교사를 매우 힘들게 하였다. 교사는 그에게 절대 록스타가 될 수 없다고 하였으나 존 레논은 교사들이 잘못 생각했음을 보여주었다.

너무 빨리 학생들의 꿈을 깨지 말도록 하라

도덕적인 것이 무엇인가? 어떤 소년이 과학자가 되기를 원한다면 그를 내버려 둘 것인가? '적당하지 않고', '비현실적' 이라고 너무 빨리 말하지 않는 것이 도덕적인 것이다. 3학년 학생이 우주 비행사나 영화배우가 되기를 원한다면 우주 비행사나 영화배우가 될 수 있도록 도와주어야만 한다. 영화배우, 우주 비행사가 될 수 있는 방법들을 알려 주어 도울 수 있다.

목표가 성취되는 데 어떠한 어려움들이 있을까?

당신은 아마도 이렇게 생각할 것이다. '나는 나의 학생들에게 꿈을 가지게 할 것이다. 사실상 교사는 학생들이 꿈을 가질 수 있게 도와야 한다. 그러나 학생들이 목표를 가지게끔 하는 것이 어렵다.' 당신의 학생들의 수준에 맞는 목표를 가지게끔 할 때 두 가지 철학이 있다.

어떤 사람들은 최고가 되어야만 한다고 생각한다. 목표는 매우 높이 설정해야 한다는 것을 의미한다—비록 학생들이 성취를 할 수 없을지라도. 높은 목표는 삶의 도전을 하게 할 뿐만 아니라 그들에게 기대하고 있다는 것을 학생들에게 알려 주는 것이기도 하다.

다른 것은 목표를 학생 수준에 맞게 설정하고자 하는 것이다. 성공은 힘찬 동기가 되고 목표가 생기면 동기화가 될 수 있는 것이다. 사실상 이러한 작은 목표들이 점차 큰 목표가 될 수 있는 것이다.

두 철학은 장점도 있지만 단점도 있다. 예를 들어, 매주 너무 쉬운 퀴즈를 주는 교수님이 계신다고 해 보자. 퀴즈가 너무 쉬워서 책을 볼 필요 없이 A학점을 받는다고 해 보자. 또 다른 교수는 너무 어려운 기말 고사를 치르게 한다. 학급에 반 수 이상이 수업을 실패한다고 한다. 어떤 교수의 스타일이 더 낫다고 할 수 있을까?

어떤 사람들은 도전을 극복하기 위해서 힘든 기말 고사 시험을 선호할 수도 있다. 더욱이 이러한 사람은 쉬운 퀴즈로 인하여 자극적이지 못하고 지루함을 느낄 수가 있다. 그 결과, 그들은 학급에서 낙담을 하고, 그들에게 주어진 커다란 도전들을 하고파 하지 않는다. 다른 사람들은 너무 어려운 시험을 보는 것이 두려워서 시도도 하기 전에 포기해 버릴 수도 있다. 어떤 것에 초점을 맞출 것인가?

명확한 답이 필요하다면 이렇게 하도록 한다. 가장 최고의 개별 교육 프로그램은 아마도 최고의 목표나 당신의 학생들 수준에 맞는 것 사이에서 그들이 어떻게 동기화될지, 학생들에게 필요한 것이 무엇인지를 살펴보게 하는 것이다.

동기 부여를 어떻게 해야 할까?

동기는 성공적인 가르침의 바탕 위에서 이루어진다. 당신에게 특수 교육 역사, 많은 명언, 그리고 많은 인간 행동의 다양성을 가르치는 교수가 있다고 해 보자. 그러나 그는 당신이 훌륭한 교사가 될 것을 가르치지는 않는다. 당신은 학급에서 어떻게 동기화하며 가르칠 것인가?

학생들과 이야기 나누기

학생들이 "왜 우리가 이러한 것들을 공부해야만 하는가?"를 물어보았던 경험이 있는가? 당신은 무엇이라고 답하였는가? 당신이 질문에 대답을 할 수가 없다면 당신이 가르치는 것이 학생들의 미래에 중요하다는 것을 확신시키도록 한다. 비록 학생들이 동기가 없으며 수학과 화학이 학생의 미래에 중요하다고 교사가 이야기를 해 주어도 학생들은 관심이 없을 수가 있다. 당신은 학생들이 어떻게 목표에 도달하게 할지를 고려할 필요가 있다. 그러한 것을 어떻게 할 것인가?

학생들이 동기를 가지게 만드는 가장 간단한 방법은 그들에게 묻는 것이다. 교육은 교사 이외에도 학생, 가족 구성원들이 함께 참여하는 것이다. 교사나 부모와 함께할 수 있는 가장 효과적인 전략은 학생과 함께 협상을 하는 것이다. 당신이 기대하는 것을 학생에게 말하고 적당한 보상을 주도록 한다. 당신의 학생이 대안을 내고 협상안을 수정할 수 있게 허락하도록 한다. 예를 들어, 부주의한 학생이 숙제를 내는 기한에 숙제를 제출한다면, 학생은 점심시간에 사탕을 얻을 수가 있다. 당신의 학생에게 사탕을 긍정적으로 보상해 주는데 학생이 사탕을 좋아하지 않는다면, 당신이 그녀에게 동기화를 해 주었다고 생각할 수 있는가?

학생들이 왜 그런 방식으로 행동을 하는가?

학생들에게 보상을 주는 것을 결정하는 것은 오직 학생의 동기를 위해서이다. 또한 당신은 왜 학생이 방에서 물건을 집어던지고, 학급에 늦게 나타나는 방식으로 행동하는지에 대해서 이해를 해야만 한다. 다시 말해서, 당신은 "학생들이 저렇게 하는 이유는 무엇인가?"를 스스로에게 자문해야만 한다.

대부분 세 가지 가능성으로 인한 결과로 추론해 볼 수 있다. 첫째, 부주의한 학생들은 그들이 원하는 것을 얻기 위한 행동일 수 있다. 두 번째, 동료들 앞에서 어리석게 보이는 것을 원하지 않아 그렇게 행동할 수 있다.

세 번째, 그 일을 하지 않음으로써 동료들로부터 존경을 받으면서 어떠한 것을 획득할 수 있어 그러한 행동을 하기도 한다.

일반적으로 학생들은 왜 그렇게 행동하는지를 당신들에게 이야기하지 않을 것이다. 아마도 그들은 잘 알지 못할 수도 있다. 학생들을 부적절하게 행동하게 만드는 것이 무엇인지를 이해하기 위하여 교사는 탐정의 역할을 해야만 한다.

예를 들어, 교사가 말하는 무엇이든 흉내 내는 학생을 가르친다고 가정해 보자. 그러한 것을 멈추게 하기 위하여 많은 전략들을 사용할 것이다. 행동을 못하게끔 신호를 보내거나 특권을 박탈하거나, 좋은 행동을 하였을 때 긍정적 보상을 주거나 하루 종일 학생이 말하는 모든 것을 무시하거나 하는 것이다. 그러나 어떠한 전략도 효과적이지 못했다면 그 이유는 학생이 당신을 흉내 냄으로써 무엇을 얻고 무엇을 피할 수 있는지를 교사가 이해하지 못하였기 때문이다.

두 번째, 학생이 모욕적인 말을 자주 한다고 가정해 보자. 모든 것이 마음대로 되지 않으면 그는 불쾌해하고 술 취한 항해사처럼 욕설을 퍼붓는다. 일반 학생들은 타임아웃을 하거나 토큰을 빼앗기게 되면 자신의 행동을 중지하고 다시는 그렇게 행동하지 않겠다고 맹세를 한다. 하지만 어떠한 것도 그의 욕설을 멈추게 할 수가 없다. 그렇다면 그는 왜 욕을 한다고 생각하는가?

세 번째 예는 다소 힘든 경우이다. 허락 없이 자신의 자리를 이탈하는 학생이 있다고 해 보자. 학생을 혼내 보기도 하고, 간청도 해 보고, 심지어 벨트조차 채워 보지만 학생은 잊어버렸다고 죄송하다고만 하며 어떠한 것도 소용이 없다. 왜 학생은 자리를 이탈하는 것일까?

앞에 언급한 세 학생들의 사례에 대해서 생각해 보자. 왜 학생들이 이런 방식으로 행동을 할까? 벌을 받고, 보상 받기를 포기하고, 분노를 폭발하게 만드는 원인은 무엇인가? 교사가 어느 정도 이러한 질문에 관하여 확실하게 대답하게 될 때, 효과적으로 이러한 사례의 학생들을 올바르게 지도할 수 있을 것이다.

첫 번째 학생을 살펴보자. 교사가 말하는 것을 학생이 흉내 낼 때 학생이 얻으려고 하는 것과 잃는 것은 무엇일까? 당신은 확실하게 알지 못할 것이나 이러한 것에는 여러 가지 가능성들이 있다. 예를 들어, 학생들은 당신을 화나게 만들려고 일부러 그럴 수도 있다. 숙제나 여러 가지 학업이 하기 싫을 때 무례한 행동을 하는 것이다. 교사가 학생에게 하기 어려운 과제를 주었을 때 주로 학생이 그렇게 행동한다면, 이러한 추론을 올바른 것일 수가 있다.

또한 학생이 또래 친구들을 웃게 하려고 교사의 말을 흉내 낼 수도 있다. 그래서 또래들로부터 존경뿐만 아니라 또래의 관심을 받고자 하는 것이다. 그러나 그 학생 주변에 또래들이 없을 때에도 교사의 말하는 것을 흉내 낸다면 이런 추론은 적합하지 않은 것이다.

두 번째 학생의 사례를 살펴보자. 왜 이 학생은 매번 욕설을 할까? 또래 학생들로부터 멋있다는 평가를 얻기 위해서일까? 교실을 나가기 위하여 그러한 행동을 하는 것일까? 일이 잘못되었을 때 어리석어 보이는 게 싫어서일까? 다시 한 번 이러한 사실들을 살펴보아야만 한다. 다른 또래들이 없을 때에도 욕설을 한다면, 또래는 그의 행동에 영향을 주는 주요 원인은 아닌 것으로 추정하여 볼 수 있다. 욕설의 유형은 어떠한가? 예를 들어 어떤 주제에 대해서 이야기할 때 그리고 어떤 사람들이 주변에 있을 때

욕설을 하는지, 욕설을 하면서 행동은 어떻게 하는지, 교실을 나가기 원해서 또는 그가 욕을 한다는 것을 깨닫지 못하고 그의 입에서 튀어나오는지를 살펴보는 것이다.

마지막 학생은 어떠한가? 왜 그는 매번 자리를 이탈하는가? 어떤 물건을 가지고 오기 위해서 또는 또래와 놀기 위해서 그러는 것은 아닌지, 점심시간 전에 또는 체육 시간 후와 같은 하루의 특별한 시간에만 자리를 이탈하는지 살펴보는 것이다.

교사가 학생들의 부적절한 행동의 이유를 어떻게 알 것이며 또한 교사의 학생 행동의 원인에 대한 추론들이 올바른 것인지를 어떻게 알 수 있을까? 일단 당신은 학생이 얻고자 하는 것과 피하고자 하는 것이 무엇인지를 알게 되면 학생들의 행동을 더욱더 이해할 수가 있다. 예를 들어 학생이 관심을 끌기 위하여 분노 발작을 한다면, 교사는 원하는 적합한 행동이 무엇인지를 학생에게 알려 주어 그러한 행동을 막아야만 한다.

쉽지 않은가? 또한 한 가지 더 생각해 보아야 할 것이 있다. 모든 행동이 어떠한 것을 얻거나 피하고자 하는 것으로 설명될 수 있는 것은 아니다. 첫 번째 학생에 대해서 다시 읽어 보고 생각해 보자. 당신이 말하는 모든 것을 반복하는 사람이다. 학생이 반향언어증일 수도 있지 않은가? 그렇다면 학생이 왜 그런 행동을 하는지에 대한 교사의 추론과 평가가 바뀌어야 할 것이다. 두 번째, 학생은 어떠한가? 그는 뚜렛 증후군이 아닌가? 그가 욕설을 할 때마다 당신은 여전히 처벌을 하고 있는가? ADHD-HI라서 자리에 착석할 수 없는 학생이지는 않은가?

요약하자면 학생들을 지도하면서 그들이 동기를 가질 수 있게 해야만 한다. 예를 들어, 교사나 부모로부터 칭찬은 동기를 가질 수 있게 하고 또한 학생을 벌주는 동안 다른 학생에게는 오히려 동기화가 될 수가 있다. 더욱이 당신의 학생이 무례하게 행동하였을 때, 왜 그들이 부적절하게 행동했는지 근본적인 설명을 할 수 있게 해야만 한다. 그러나 조심해야 할 점이 있다. 문제가 있는 행동들이 때로는 학생 자체의 문제가 아니라 기질적, 의학적 문제의 원인에 의한 것으로도 볼 수 있다는 것이다.

적절한 행동에 대한 강화

학생들의 적절한 행동에 대해서 보상하는 것은 부모와 교사가 사용할 수 있는 최고의 전략이다. 이것은 일반적으로 알려진 것이지만 실천하는 것이 쉽지만은 않다. 예를 들어, 학생이 자기 자리에 앉아서 공부하는 모습을 교실을 다니다가 보았을 때 주목해야 할 점이 있다. ADHD 학생은 교사가 하라고 하니까 그냥 하는 것일 수도 있다는 것이다. 당신은 무엇을 해야 할까? 그 학생을 칭찬해야만 할까? 학생에게 스티커를 주어야 할까? 학생의 이름에 긍정적 체크를 해야 할까?

학생들이 자신의 일을 하고 있는 동안 보상을 주는 것은 교사가 하는 일 중 가장 잘못된 일이 될 수가 있다. 이러한 것에 대해서 생각해 보자. 당신이 책을 읽고 있을 때 누군가가 방해를 하면, 당신은 책 읽는 것이 힘들 것이다. 같은 원리이다. 과제 수행 중인 학생에게 보상을 하게 되면, 실제 학생들의 과업을 방해하게 되는 것이다.

할 수 있는 최선의 방법은 과업을 마칠 때 학생들에게 보상을 하는 것이다. 그들에게 격려를 하도록 한다. 성공을 느끼게 해 주고 자신이 수행한 과제를 다시 한 번 돌아보게 하고 과업을 마쳤을 때 보상을 하는 것이다.

그러나 학생에게 적합한 보상을 하는 방법을 아는 것은 때로는 어렵다. 학생들에게 보상을 하는 것이 실제적으로 다른 학생들에게는 오히려 벌이 되기 때문이다. 칭찬이나 관심과 같은 방법을 사용하는 것을 때로는 고려해 보아야만 한다. 학생들이 항상 관심받는 것을 좋아한다고 생각하는가? 예를 들어 당신은 무도회의 밤을 기억하는가? 집을 나설 때 당신이 너무나 귀엽게 보인다고 부모님이 말씀을 한 적이 있는가? 당황하였을 것이다. 그렇지 않은가? 지금 십대 때 당신은 쿨하게 보이려고 하였을 것이다. 즉 교사가 준 보상이 학생에게는 적합하지 않아 당황할 수도 있는 것이다. 학생에게 보상하기 위하여 노력하는 교사의 열정을 점검해 보도록 한다. 때로는 "잘했어.", "나는 너를 자랑스럽게 생각한다.", 엄지손가락을 치켜올려 주는 것이 최고의 강화물이 되기도 한다.

결과적으로 교사가 너무 많은 강화를 학생들에게 주는 것은 좋지 않다. 당신이 무엇을 입든 언제나 칭찬을 하는 친구를 둔 적이 있는가? 당신이 어떠한 옷을 입든 간에 그는 "우와, 그렇게 입으니까 정말 멋지구나."라는 말을 한다. 심지어 오래된 티셔츠와 낡은 바지를 입었어도 그는 당신의 패션 감각에 대해서 칭찬을 한다. 그의 의견을 정말 믿을 수가 있을까?

이러한 것들이 학생에게도 일어날 수가 있다. 당신이 학생이라고 가정해 보고 교사가 매일 학생이 무엇을 할 때마다 심지어 C학점을 받아도 칭찬을 한다고 상상을 해 보면 어떨 것 같은가? 디저트와 같은 강화물을 생각해야만 한다. 즉 매일 밥과 같은 강화가 아니라 가끔 강화하는 것이 좋은 것이다. 디저트와 같은 강화물 말이다.

학생이 자신의 목표에 도달하도록 어떻게 할 수 있을까?

일단 교사는 학생들의 요구를 파악하고 학생들에게 동기를 줄 것이 무엇인지를 살펴야 하고 다음 단계는 학생들이 목표에 도달하게 도와야 한다. 그러나 당신은 이러한 것을 어떻게 할 것인가?

문제에 대한 치료

학생들의 목표가 문제를(읽기와 수학 능력 부족) 개선하는 것이라고 가정해 보자. 이러한 학생들을 돕기 위하여 교사는 어려운 점들의 근본 원인을 조사할 필요가 있다. 매번 근본 원인은 과잉활동, 부주의, 이외의 ADHD의 다른 특성들과 관련이 있다. 이러한 경우라면 교사는 아래 단락에 서술된 전략들을 사용할 수가 있다.

왜 학생들이 읽기와 수학에서 뒤처지는지 확실히 이유를 알지 못하는가? 목표에 도달하게 도울 수 있는 전략을 어떻게 개발할 수 있을까? 첫째, 학생들의 과거 개별 교육 프로그램들의 기록들을 살펴보도록 한다. 과거에 사용하였던 전략들은 무엇이었는가? 새로운 어떤 것을 개발시키도록 해야 한다. 더욱이 또래 교사, 조작, 컴퓨터 소프트웨어, 개선에 대한 보상과 같은 다양한 전략들을 사용하도록 해야 한다.

두 번째, 그들이 왜 문제를 가지고 있는지를 학생들에게 묻도록 한다. 학생들이 솔직하게 말하도록 한다. 과거 교사의 가르침이 지루했는지? 실패에 좌절감을 느껴 열심히 하기를 원하지 않는지? 가장 배우기 원할 때는 언제인가? 배움에 있어서 가장 어려운 점은 무엇인가? 그들이 원하는 방법으로 배울 수 있게 된다면 어떠한 점이 좋을까?

종종 학생들은 자신의 학업 스타일을 교사들이 알기를 바란다. 예를 들어, 학생들에게 전화번호를 잘 외우는 방법들을 물어보도록 한다. 숫자를 보아야 하는지, 들어야 하는지, 실제로 전화를 걸어 보아야 하는지 말이다. 또한 친구의 집을 찾아갈 때에도 지시를 듣고 하는지 지도를 보고 가는지, 일단 운전을 한번 해 보는지 어떻게 가는지에 대해서 묻도록 한다. 이것은 당신의 학생이 시각적인지, 청각적인지, 실제 체험으로 배우는지 결정하는 데 교사에게 도움이 될 수가 있다. 이러한 정보는 전략을 개발하는 데 중요한 요점이 될 수가 있다.

새로운 문제를 함께하기

당신이 열두 살의 빌이라는 학생을 지도한다고 가정해 보자. 그는 성적인 호기심에 관심을 보이기 시작하였다. 여자들에게 질문을 하는 대신에 여자의 몸을 건드리거나 부적절한 성적인 말을 한다고 한다. 당신은 무엇을 할 것인가?

그와 그의 부모는 적절하게 여자들과 상호작용하는 방법을 배울 필요가 있다는 것에 모두 동의하였다. 더욱이 당신은 빌이 부적절하게 행동하게 만드는 두 가지의 원인이 있다고 생각한다. 첫째, 여자와 키스를 하려고 하고 성적인 활동을 하려고 하는 것은 가까워지고자 하는 것이다. 당신은 빌이 여자를 만질 때 전에 경험하지 못하였던 성적인 흥분을 느낀다고 가정해 볼 수 있다.

두 번째, 성적인 부적절한 말을 함으로써 빌은 거절감을 피할 수가 있다. 빌이 여자에게 다가가 프로포즈를 한다면 그녀는 그를 비웃으며 '아니요' 라고 거절할 것이다. 그러나 그가 세상물정 모르는 사람처럼 행동한다면, 여학생이 '아니요' 라고 말할 것이고 그도 그녀에게 관심 없는 것처럼 연기할 수가 있다.

마지막으로, 빌은 사회적 기술뿐만 아니라 자신감을 증진시켜야 한다. 자신감을 증진시키는 한 가지 방법은 그가 성공적 경험을 하게 하기 위해서 충분히 낮은 목표를 세우는 것이다.

빌의 새로운 행동을 위한 전략을 어떻게 개발할 것인가? 과거에 이용되었던 전략은 사용하지 말고 새로운 것을 사용해야만 한다.

빌을 여자를 만지고 음담패설을 한다. 왜냐하면 여자들과 어떻게 상호작용을 하는지 잘 모르기 때문이다. 더욱이 빌은 사람들에게 버림받거나 거절당하는 것으로부터 자신을 보호하기 위한 것일 뿐만 아니라 성적인 만족을 얻기 위한 것이다. 전략이 무엇이든 간에 당신은 상대방에게 거절당했을 대의 사회 상호적 기술을 빌에게 가르쳐야만 한다. 또한 교사는 성적 만족과 같은 빌을 보상하는 부적절한 행동들을 없애야만 한다.

교사가 제안하는 전략들은 무엇인가? 교사는 또래 가르침이 포함된 전략들을 개발해야만 한다. 앞 장에서 논해진 전략들을 기억해 보도록 하자—여자 고등학생들에게 남자들이 어떻게 행동하면 좋은지를 물어보도록 한다. 아마도 당신은 빌에게도 같은 전략들을 사용할 수 있을 것이다. 예를 들어, 빌과 함께 적합한 행동을(여자들에게 질문을 하는 방법) 가르쳐 줄 여학생들을 모아 그룹을 만들도록 한다. 더욱이 학급에서 당신은 빌이 여학생들과 함께 집단 활동을 할 수 있는 기회를 주도록 한다. 추가적으로 빌이 여성들을 향하여 부적절하게 행동한다면, 여자 고등학생들과 함께 역할놀이를 하는 것이 가장 큰 도움과 자극이 될 수가 있다.

교육 계획들이 학생에게 도움이 되는지를 교사가 어떻게 알 수 있을까?

교사는 학생들을 위한 전략들을 개발해야만 한다. 지금 당신이 무엇을 할 것인가? 당신이 도움을 주는 교사와 부모라면, 전략이 효과적인지 아닌지를 살필 것이다.

자료 수집

어떠한 전략이든 실시하기 전에 당신은 증가시키고 감소시킬 행동에 관한 정보를 모을 필요가 있다. 종종 이것을 '기초선'이라고 부른다. 앞에 언급된 빌의 경우에는 그가 얼마나 자주 여자를 만지고 얼마나 자주 부적절한 음담패설을 하는지를 살필 필요가 있다.

일단 전략 초기에는 당신은 학생들의 행동 자료 수집을 할 필요가 있을 것이다. 당신이 기초선을 했던 것과 같은 방식으로 자료 수집을 하는 것이 매우 중요하다. 당신은 일관되게 해야 할 필요가 있다.

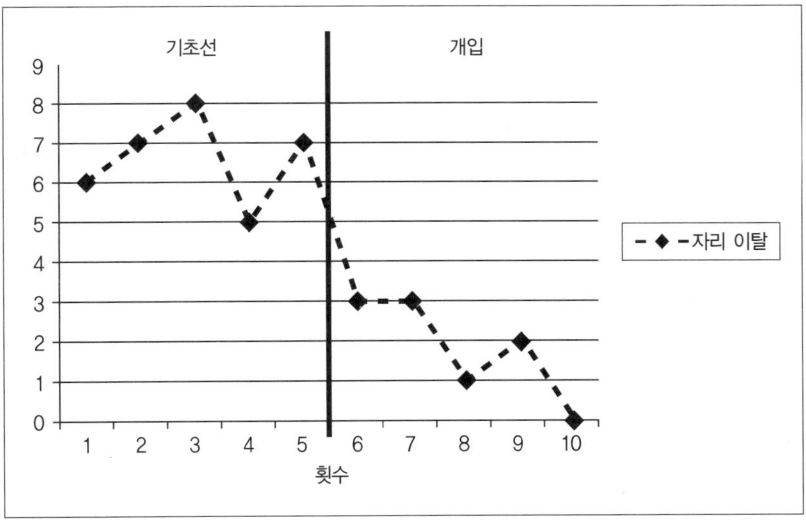

그림 9.1 학생의 자리이탈 행동

결과 살피기

자, 지금 결과를 비교해 보자. 그래프는 시각적으로 보는 데 도움이 될 것이다. 당신이 원하는 행동은 증가되었는가? 행동의 추세는 어떠한가? 학생의 행동을 수정하는 데 얼마나 걸릴 것인가? 학생의 행동에 영향을 미치는 전략을 평가함으로써 효과적인지 아닌지에 대하여 교사는 결정할 수 있을 것이다. 더욱이 전략이 효과적이지 않으면, 다음번에 어떻게 해야 할지를 알 수 있고 전략을 수정하는 데 도움이 될 수 있다.

요 약

가르침은 단지 정보를 알려 주고 숙제를 부과하는 것만이 아니다. 교사는 탐구가, 과학자, 예술가여야만 한다. 교사 또는 부모로서 학생들이 배울 필요가 있는 것이 무엇인지를 알아야만 한다. 특히 학생들이 성공적인 삶을 살기 위하여 배울 필요가 있는 것이 무엇인지뿐만 아니라 다음 학년에 나아갈 수 있게 하기 위해서 획득해야 할 필요가 있는 학업 능력들이 무엇인지를 알아야만 한다.

또한 학생들 개인에게 적합한 목표가 무엇인지를 알아야 할 필요가 있다. 목표를 높게 할지 낮게 할지 이러한 것 모두 학생들의 요구와 학생들에게 동기를 일으키게 하는 것이 무엇인지에 따라서 결정되는 것이다.

학생들에게 동기화를 일으키게 하면서 배우게 하는 것은 능력 있는 교사로서 가장 중요한 기술이다. 학생이 배움에 있어서 동기가 없다면, 교사는 그들을 가르칠 수 없고 그들의 욕구에 적합한 전략들을 개발시킬 필요도 없는 것이다.

부모와 교사가 되는 것은 정원을 가꾸는 것과 같다. 때로는 노력의 결실인 과일을 보는 데 오랜 시간이 걸린다. 어떤 계절에는 전혀 아무것도 보이지 않는다. 더욱이 모든 나무들은 같지 않다. 어떤 것은 많은 빛을 요구하고, 다른 것들은 어느 정도의 비료와 많은 물을 요구하기도 한다. 최후에는 많은 씨들이 아름다운 꽃으로 변한다는 것이다.

좋은 정원사가 되기 위한 방법은 기꺼이 새로운 것을 배우고자 하는 것이다. 책을 읽고 새로운 사고를 계속 유지해 나가는 것이다. 그러나 교사는 책을 읽는 것보다 가족 구성원과 당신의 학생들로부터 많은 정보를 얻을 수 있어야 할 것이다.

교사는 많은 것을 배워야만 하고 노력해야 할 것이다. 학생에게 꼭 교사만 필요한 것이 아님을 명심해야만 한다. 알다시피 그들의 또래, 가족 구성원들과 함께하도록 한다. 결과적으로 학생을 믿고 학생에 따라 교사의 능력을 변화시키도록 해야 한다.

ADHD는 재능이다. 그것을 이용해야지 억압해서는 안 됨을 명심하도록 하라!

CHAPTER 10

ADHD 개인, 교사, 부모를 위한 참고 자료

교사와 전문가들을 위한 참고 도서 자료

American Psychiatric Association. 1994. *Diagnostic and Statistical Manual of Mental Disorders.* 4th ed. Washington, D.C.: Author.

Barkley, R. A. 1987. *Defiant Children: A Clinician's Manual for Parent Training.* New York: Guilford Press.

Barkley, R. A. 1990. *Attention-Deficit Hyperactivity Disorder: A Handbook for Diagnosis and Treatment.* New York: Guilford Press.

Bender, W. N. 1997. *Understanding ADHD: A Practical Guide for Teachers and Parents.* Upper Saddle River, N.J.: Prentice Hall.

Copeland, E., and V. Love. 1990. *Attention without Tension: A Teacher's Handbook on Attention Disorders.* Atlanta: 3C's Of Childhood.

Dowdy, C. A., J. R. Patton, T. E. C. Smith, and E. A. Polloway. 1998. *Attention-Deficit/Hyperactivity Disorder in the Classroom: A Practical Guide for Teachers.* Austin, Tex.: PRO-ED.

DuPaul, G. J., and G. Stoner. 1994. *ADHD in the Schools: Assessment and Intervention Strategies.* New York: Guilford Press.

Fowler, M. 1992. *Ch.A.D.D. Educators' Manual: An In-Depth Look at Attention Deficit Disorders from an Educational Perspective.* Plantation, Fla.: Ch.A.D.D.

Hallowell, E .H., and J. J. Ratey. 1994. *Driven to Distraction.* New York: Simon & Schuster.

Lyon, R., and N. Krasnegor. 1996. *Attention, Memory, and Executive Function.* Baltimore, Md.: Brookes.

Mash, E. J., and R. A. Barkley, eds. 1989. *Treatment of Childhood Disorders.* New York: Guilford Press.

Parker, H. 1991. *The ADD-Hyperactivity Handbook for Schools.* Plantation, Fla.: Specialty Press.

Parker, H. 1992. *ADAPT: Attention Deficit Accommodation Plan for Teaching.* Plantation, Fla.: Specialty Press.

Parker, H. C. 1988. *The ADHD Hyperactivity Workbook for Parents, Teachers, and Kids.* Plantation, Fla.: Impact Publication.

Solden, S. 1995. *Women with Attention Deficit Disorder.* Grass Valley, Calif.: Underwood Books.

Wender, P. 1986. *Hyperactive Children Grown-Up.* New York: Guilford.

Wender, P. 1995. *Attention-Deficit Hyperactivity Disorder in Adults.* New York: Oxford University Press.

Werry, J., and M. Aman. 1993. *Practitioners Guide to Psychoactive Drugs for Children and Adolescents.* New York: Plenum Press.

부모와 ADHD 개인을 위한 참고 도서 자료

Bain, L. 1991. *A Parent's Guide to Attention Deficit Disorder.* New York: Delta/Dell.

Barkley, R. A. 1990. *Attention-Deficit Hyperactivity Disorder: A Handbook for Diagnosis and Treatment.* New York: Guilford Press.

Barkley, R. A. 1995. *Taking Charge of ADHD: The Complete, Authoritative Guide for Parents.* New York: Guilford Press.

Bauer, K. 1993. *Active Andy: An Elementary School Child's Guide to Understanding ADHD.* Wauwatosa, Wis.: IMDW Publishing.

Childworks. 1995. *Sometimes I Drive My Mom Crazy, but I Know She's Crazy about Me!* King of Prussia, Penn.: Center for Applied Psychology, Inc.

Copeland, E., and V. Love. 1991. *Attention, Please: A Comprehensive Guide for Successfully Parenting Children with Attention Disorders and Hyperactivity.* Atlanta: 3Cs of Childhood.

Corman, C., and E. Trevino. 1995. *Eulcee, the Jumpy Jumpy Elephant.* Plantation, Fla.: Specialty Press.

Forgatch, M., and G. R. Patterson. 1989. *Parents and Adolescents Living Together.* Eugene, Ore.: Castalia.

Fowler, M. C. 1990. *Maybe You Know My Kid: A Parent's Guide to Coping with Attention-Deficit Hyperactivity Disorder.* Secaucus, N.J.: Birch Lane.

Galum, M. 1988. *Otto Learns about His Medicine.* New York: Imagination Press.

Gehret, J. 1995. *I'm Somebody Too.* Fairport, N.Y.: Verbal Images Press.

Gehret, J. 1996. *Eagle Eyes: A Child's View of Attention Deficit Disorder.* Fairport, N.Y.: Verbal Images Press.

Goodman, J., and S. Hoban. 1994. *Around the Clock: Parenting the ADHD Child.* New York: Guilford.

Goldstein, S., and M. Goldstein. 1992. *Hyperactivity: Why Won't My Child Pay Attention?* Salt Lake City: Neurology, Learning, and Behavior Center.

Gordon, M. 1991. *ADHD/Hyperactivity: A Consumer's Guide.* Dewitt, N.Y.: GSI.

Gordon, M. 1992. *I Would if I Could.* Dewitt, N.Y.: GSL.

Gordon, M. 1992. *My Brother's a World-Class Pain.* Dewitt, N.Y.: GSL.

Hallowell, E. H., and J. J. Ratey. 1994. *Driven to Distraction.* New York: Simon & Schuster.

Ingersoll, B. 1988. *Your Hyperactive Child: A Parent's Guide to Coping with Attention Deficit Disorder.* New York: Doubleday.

Ingersoll, B., and M. Goldstein. 1993. *Attention Deficit Disorder and Learning Disabilities: Realities, Myths, and Controversial Treatments.* New York: Doubleday.

Johnson, D. 1992. *I Can't Sit Still: Educating and Affirming Inattentive and Hyperactive Children.* Santa Cruz, Calif.: ETR Associates.

Kennedy, P., L. Terdal, and L. Fusetti. 1993. *The Hyperactive Child Book.* New York: St. Martin's Press.

Moss, D. 1989. *Shelly the Hyperactive Turtle.* Rockville, Md.: Woodbine House.

Nadeau, K. G. 1994. *Survival Guide for College Students with ADD or LD.* New York: Magination Press.

Parker, R. 1994. *Making the Grade.* Plantation, Fla.: Specialty Press.

Parker, R. 1995. *Slam Dunk.* Plantation, Fla.: Specialty Press.

Parker, H. C. 1988. *The ADHD Hyperactivity Workbook for Parents, Teachers, and Kids.* Plantation, Fla.: Impact Publication.

Quinn, P. 1994. *ADD and the College Student.* New York: Magination Press.

Solden, S. 1995. *Women with Attention Deficit Disorder.* Grass Valley, Calif.: Underwood Books.

Taylor, J. F. 1990. *Helping Your Hyperactive Child.* Rocklin, Calif.: Prima Publishing and Communication.

Wender, P. 1986. *Hyperactive Children Grown-Up.* New York: Guilford.

Wender, P. 1987. *The Hyperactive Child, Adolescent, and Adult.* New York: Oxford Press.

Wodrich, D. 1994. *What Every Parent Wants to Know: Attention Deficit Hyperactivity Disorder.* Baltimore, Md.: Brookes.

저널, 잡지, 그리고 신문 자료

Addvance (888) 238-2588.
Attention! (954) 587-3700.
Brakes: The Interactive Newsletter for Kids with ADHD (800) 825-3089.
Challenge (508) 462-0495.
Chadder (954) 587-3700.
Chadder Box (954) 587-3700.
Exceptional Children (800) 232-7323.
The ADHD Report (800) 365-7006.

인터넷 자료

www.addwarehouse.com
A site selling books and other materials associated with ADHD.

www.bmpub.com
A site selling books and other material associated with ADHD.

www.add.org
Lists of resources and support groups for individuals with ADHD and their families. Also provides information regarding the National Attention Deficit Disorder Association.

www.chadd.org/
Provides links to legal issues, fact sheets, and membership information for CH.ADD.

http://www.ed.gov
Provides resources relating to many different disabilities, including ADHD.

http://www.ericec.org
Links to the ERIC clearinghouse on disabilities and gifted education, which contains a searchable database for articles, research, and other material on numerous conditions.

http://www.familyeducation.com/home/
Homepage of the Family Education Network, which provides resources for families of children with disabilities.

www.cec.sped.org/home.htm
Links to the homepage of the Council for Exceptional Children. Provides information on workshops and conferences as well as information on many different disorders of childhood.

www.healthlaw.org
Homepage of the National Health Law Program, which provides information on legal issues and services.

www.nichcy.org/
Home page of the National Information Center on Children and Youth with Disabilities (NICHCY), which provides resources on disability-related issues to families, educators, and professions.

www.ldanatl.org
Home page of the Learning Disabilities Association of America (LDA).

www.ncld.org
Home page of the National Center for Learning Disabilities (NCLD).

비디오테이프

A Continuing Education Program on ADHD by R. Reeve, M. Spessard, R. Walker, A. Welch, J. Wright, and J. Schragg. Available through the Council for Exceptional Children, 1920 Association Drive, Reston, VA 22091. (800) 232-7323.

A.D.D. from A to Z—A Comprehensive Guide to Attention Deficit Disorder by W. Bender and P. Mclaughtin. Available through the Council for Exceptional Children, (800) 232-7323.

ADHD in Adults by R. A. Barkley. Available through Guilford Publication, Inc., 72 Spring Street, New York, NY 10012. (800) 365-7006.

All about Attention Deficit Disorder by T. Phelan. Available through ADD Warehouse, 300 N.W. 70th Avenue, Suite 102, Plantation, FL 33317. (800) 233-9273.

ADHD: What Do We Know? ADHD: What Can We Do? ADHD in the Classroom, and ADHD in Adults by R. A. Barkley. Available through Guilford Press, 72 Spring Street, New York, NY 10012. (800) 365-7006.

Educating Inattentive Children: A Guide for the Classroom by S. Goldstein. Available through the Neurology, Learning, and Behavior Center, 230 South 500 Street East, Suite 1100, Salt Lake City, UT 84102. (801) 532-1484.

Facing the Challenges of ADD by The Chesapeake Institute and the Widmeyer Group. Available through the Council for Exceptional Children, 1920 Association Drive, Reston, VA 22091. (800) 232-7323.

Help! This Kid's Driving Me Crazy by L. Adkins and H. Cady. Available through PRO-ED, 8700 Shoal Creek Boulevard, Austin, TX 78757. (512) 451-3246.

It's Just Attention Disorder: A Video Guide for Kids by S. Goldstein. Available through the Neurology, Learning, and Behavior Center, 230 South 500 Street East, Suite 1100, Salt Lake City, UT 84102. (801) 532-1484.

Jumping Johnny, Get Back to Work by M. Gordon. Available through Gordon Systems, Inc., P.O. Box 746, Dewitt, NY 13214. (315) 446-4849.

Why Won't My Child Pay Attention? by S. Goldstein. Available through the Neurology, Learning, and Behavior Center, 230 South 500 Street East, Suite 1100, Salt Lake City, UT 84102. (801) 532-1484.

동호회 및 지지 그룹

Adult Attention Deficit Foundation
132 North Woodward Avenue
Birmingham, MI 48009
(810) 540-6335.

Attention Deficit Disorder Association (ADDA)
19262 Jamboree Road
Pittsburgh, PA 15234
(800) 487-2282.

Children and Adults with Attention Deficit Disorder (CHADD)
1859 North Pine Island Road, Suite 185
Plantation, FL 33322
(954) 587-3700.

Learning Disabilities Association of America (LDA)
4156 Library Road
Pittsburgh, PA 15234-1349
(412) 341-1515.

National Attention Deficit Disorder Association
9930 Johnnycake Ridge Road, Suite 3E
Mentor, OH 44060
(800) 487-2282.

National Center for Law and Learning Disabilities (NCLLD)
P. O. Box 368
Cabin John, MD 20818.

National Center for Learning Disabilities (NCLD)
381 Park Avenue South, Suite 1401
New York, N.Y. 10016
(888) 575-7373.

National Information Center for Children and Youth with Handicaps (NICHY)
P.O. Box 1492
Washington, DC 20013
(800) 999-5599.

The Council for Exceptional Children
1920 Association Drive
Reston, VA 20191-1589
(888) CEC-SPED
TTY (703) 264-9446.

The National Information Center for Children and Youth with Disabilities (NICHCY)
P. O. Box 1492
Washington, DC 20013
(800) 695-0285.

참고 문헌

Achenbach, T. M. 1991. *Child Behavior Checklist, Teacher's Reporting Form.* Burlington, Vt.: Author.

Adelman, H. S., and L. Taylor. 1982. "Enhancing the Motivation and Skills Needed to Overcome Interpersonal Problems." *Learning Disability Quarterly* 5: 438–45.

Amen, D. G., J. H. Paldi, and R. A. Thisted. 1993. "Brain SPECT Imaging." *Journal of the American Academy of Child and Adolescent Psychiatry* 32: 1080–81.

American Psychiatric Association. 2000. *Diagnostic and Manual of Mental Disorders.* 4th ed. Washington, D.C.: Author.

Anastopoulos, A. D., T. L. Shelton, G. J. DuPaul, and D. C. Guevremont. 1993. "Parent Training for Attention-Deficit Hyperactivity Disorder: Its Impact on Parent Functioning." *Journal of Abnormal Child Psychology* 21: 581–96.

Barkley, R. A. 1988. "The Effects of Methylphenidate on the Interactions of Preschool ADHD Children with Their Mothers." *Journal of the American Academy of Child and Adolescent Psychiatry* 27, no. 3: 336–41.

——. 1989. "Hyperactive Girls and Boys: Stimulant Effects on Mother-Child Interactions." *Journal of Child Psychology Psychiatry* 30: 379–90.

——. 1990. *Attention Deficit Hyperactivity Disorder: A Handbook for Diagnosis and Treatment.* New York: Guilford Press.

——. 1995. *Taking Charge of ADHD: The Complete, Authoritative Guide for Parents.* New York: Guilford Press.

Barkley, R. A., G. J. DuPaul, and M. B. McMurray. 1990. "A Comprehensive Evaluation of Attention Deficit Disorder with and without Hyperactivity." *Journal of Consulting and Clinical Psychology* 58: 775–89.

Barkley, R. A., J. Karlsson, and S. Pollard. 1985. "Effects of Age on the Mother-Child Interactions of Hyperactive Children." *Journal of Abnormal Child Psychology* 13: 631–38.

Battle, J. 1992. *Culture-Free Self-Esteem Inventories—2.* Austin, Tex.: PRO-ED.

Bauermeister, J. J. 1995. "ADD and Hispanic (Puerto-Rican) Children: Some Thoughts and Research Findings." *Attention!* 2, no. 1: 16–19.

Becker, R. L., C. Schull, and K. Campbell. 1981. "Vocational Interest Evaluation of TMR Adults." *American Journal of Mental Deficiency* 85: 350–56.

Befera, M., and R. Barkley. 1985. "Hyperactive and Normal Boys and Girls: Mother-Child Interaction, Parent Psychiatric Status, and Child Psychopathology." *Journal of Child Psychology and Psychiatry* 26: 439–52.

Bender, W. N. 1997. *Understanding ADHD: A Practical Guide for Teachers and Parents.* Upper Saddle, N.J.: Merrill/Prentice Hall.

Biederman, J., R. J. Balsessarini, V. Wright, D. Knee, and J. S. Harmatz. 1989. "A Double-Blind Placebo Controlled Study of Desipramine in the Treatment of ADD: 1. Efficacy." *Journal of the American Academy of Child and Adolescent Psychiatry* 28: 7770–84.

Biederman, J., S. V. Faraone, K. Keenan, and M. T. Tsuang. 1991. "Evidence of Familial Association between Attention Deficit Disorder and Major Affective Disorders." *Archives of General Psychiatry* 48: 633–42.

Biederman, J., K. Munir, D. Knee, W. Habelow, M. Armentano, S. Autor, S. K. Hoge, and C. Waternaux. 1986. "A Family Study of Patients with Attention Deficit Disorder and Normal Controls." *Journal of Psychiatric Research* 20: 263–74.

Blackbourn, J. M. 1989. "Acquisition and Generalization of Social Skills in Elementary-Aged Children with Learning Disabilities." *Journal of Learning Disabilities* 22: 28–34.

Blechman, E. A. 1985. *Solving Child Behavior Problems at Home and at School.* Champaign, Ill.: Research Press.

Bowles, W. V., and C. G. Wirth. 1990. *Insomnia Plus . . . : The Answer to Sleeplessness.* Tulsa, Okla.: Temple Treasures.

Bracken, B. A. 1992. *Multidimensional Self-Concept Scale.* Austin, Tex.: PRO-ED.

Brown, L. L., and J. Alexander. 1991. *Self-Esteem Index.* Austin, Tex.: PRO-ED.

Callahan, M. J., and J. B. Garner. 1997. *Keys to the Workplace: Skills and Supports for People with Disabilities.* Baltimore: Brookes.

Camp, B. W., and M. A. Bash. 1985. *Think Aloud.* Champaign, Ill.: Research Press.

Campbell, D. P., and J. C. Hansen. 1981. *Strong-Campbell Interest Inventory.* Palo Alto, Calif.: Consulting Psychologists Press.

Campbell, S. B. 1990. *Behavior Problems in Preschoolers: Clinical and Developmental Issues.* New York: Guilford Press.

Center, D. B. 1989. *Curriculum and Teaching Strategies for Students with Behavioral Disorders.* Englewood Cliffs, N.J.: Prentice Hall, 1989.

Clark, L. *SOS: Help for Parents: A Practical Guide for Handling Common Everyday Behavior Problems.* Bowling Green, Ky.: Parents Press, 1985.

Conners, C. K. 1980. *Food Additives and Hyperactive Children.* New York: Plenum Press.

——. 1989. *Conners' Teacher Rating Scales.* Toronto, Canada: Multi-Health Systems.

Conners, C. K., and K. C. Wells. 1986. *Hyperkinetic Children: A Neuropsychological Approach.* Beverly Hills, Calif.: Sage.

Coopersmith, S. 1981. *Coopersmith Self-Esteem Inventories.* Palo Alto, Calif.: Consulting Psychologists Press.

Cunningham, C. E., and R. A. Barkley. 1978. "The Effects of Methylphenidate on the Mother-Child Interactions of Hyperactive Twin Boys." *Developmental Medicine and Child Neurology* 20: 634–42.

Cunningham, C. E., B. B. Benness, and L. S. Siegel. 1988. "Family Functioning, Time Allocation, and Parental Depression in the Families of Normal and ADHD Children. *Journal of Clinical Child Psychology* 17: 169–77.

DiGeronimo, T. F. 1997. *Insomnia: Fifty Essential Things to Do.* New York: Plume.

Dowdy, C. A., J. R. Patton, T. E. C. Smith, and E. A. Polloway. 1998. *Attention-Deficit/Hyperactivity Disorder in the Classroom.* Austin, Tex.: PRO-ED.

Dubey, D. R., S. G. O'Leary, and K. F. Kaufman. 1983. "Training Parents of Hyperactive Children in Child Management: A Comparative Outcome Study." *Journal of Abnormal Child Psychology* 11: 229–46.

Dunkell, S. 1994. *Goodbye Insomnia, Hello Sleep.* New York: Carol Publishing.

DuPaul, G. J. 1991. "Parent and Teacher Rating of ADHD Systems: Psychometric Properties in a Community-Based Sample." *Journal of Clinical Child Psychology* 20, no. 3: 245–53.

DuPaul, G. J., R. A. Barkley, and M. B. McMurray. 1991. "Therapeutic Effects of Medication on ADHD: Implications for School Psychologists." *School Psychology Review* 20: 203–19.

DuPaul, G. J., and G. Stoner. 1994. *ADHD in the Schools: Assessment and Intervention Strategies*. New York: Guilford Press.

Erhardt, D., and B. L. Baker. "The Effects of Behavioral Parent Training on Families with Young Hyperactive Children." *Journal of Behavior and Experimental Psychiatry* 21, no. 2 (1990): 121–32.

Erickson, M. T. 1998. *Behavior Disorders of Children and Adolescents: Assessment, Etiology, and Intervention.* 3rd ed. Upper Saddle River, N.J.: Prentice-Hall.

Fine, S., and C. Johnston. 1993. "Drug and Placebo Side Effects in Methylphenidate-Placebo Trial for Attention Deficit Hyperactivity Disorder." *Child Psychiatry and Human Development* 24: 25–30.

Fischer, M., R. A. Barkley, K. E. Fletcher, and L. Smallish. 1993. "The Stability of Dimensions of Behavior in ADHD and Normal Children over an Eight-Year Follow-Up." *Journal of Abnormal Child Psychology* 21: 337–45.

Fister, S., and K. Kemp. 1994. *Social Skills Survival Kit.* Longmont, Colo.: Sopris West.

Fitts, W. H., and G. H. Roid. 1988. *Tennessee Self-Concept Scale.* Los Angeles: Western Psychological Services.

Fletcher, J. M., B. A. Shaywitz, and S. E. Shaywitz. 1994. "Attention as a Process and as a Disorder." In *Frames of Reference for Assessment of Learning Disabilities: New Views on Measurement Issues*, ed. G. R. Lyon. Baltimore, Md.: Brookes.

Frick, P. J., B. B. Lahey, M. A. G. Chrits, R. Loeber, and S. Green. 1991. "History of Childhood Behavior Problems in Biological Relatives of Boys with Attention-Deficit Hyperactivity Disorder and Conduct Disorder." *Journal of Clinical Child Psychology* 20: 445–51.

Gilger, J. W., B. F. Pennington, and J. C. DeFries. 1992. "A Twin Study of the Etiology of Comorbidy: Attention-Deficit Hyperactivity Disorder and Dyslexia." *Journal of the American Academy of Child and Adolescent Psychiatry* 31: 343–48.

Gilliam, J. E. 1995. *Attention-Deficit/Hyperactivity Disorder Test.* Austin, Tex.: PRO-ED.

Goldstein, A. P., R. P. Sprafkin, N. J. Gershaw, and P. Klein. 1980. *Skillstreaming the Adolescent: A Structured Approach to Teaching Prosocial Skills.* Champaign, Ill.: Research Press.

Goodman, R., and J. Stevenson. 1989. "A Twin Study of Hyperactivity. 2: The Aetiological Role of Genes, Family Relationships, and Perinatal Adversity." *Journal of Child Psychology and Psychiatry* 30: 691–709.

Gresham, F. M., S. N. Elliott, and S. Evans-Fernandez. 1992. *Student Self-Concept Scale.* Circle Pines, Minn.: American Guidance Services.

Guevremont, D. 1990. "Social Skills and Peer Relationship Training." In *Attention-Deficit Hyperactivity Disorder,* ed. R. Barkley, 540–72. New York: Guilford Press.

Hallowell, E. M. 1993. "Living and Loving with Attention Deficit Disorder." *C.H.A.D.D.E.R.* 7 (special issue): 9–12.

Hallowell, E. M., and J. J. Ratey. 1994. *Driven to Distraction.* New York: Simon & Schuster.

Hamlett, K. W., D. S. Pelligrini, and C. K. Conners. 1987. "An Intervention of Executive Processes in the Problem-Solving of Attention Deficit Disorder Hyperactive Children." *Journal of Pediatric Psychology* 12: 227–40.

Hauri, P., and S. Linde. 1996. *No More Sleepless Nights.* New York: John Wiley.

Heffron, W. A., C. A. Martin, and R. J. Welsh. 1984. "Attention Deficit Disorder in Three Pairs of Monozygotic Twins: A Case Report." *Journal of the American Academy of Child and Adolescent Psychiatry* 23: 299–301.

Heffron, W. A., C. A. Martin, R. J. Welsh, and P. Perry. 1987. "Hyperactivity and Child Abuse." *Canadian Journal of Psychiatry* 32, no. 5: 384–86.

Higgins, P. 1993. *ASSIST Program.* Longmont, Colo.: Sopris West.

Hinshaw, S. P., B. N. Henker, and C. K. Whalen. 1984. "Self-Control in Hyperactive Boys in Anger-Inducing Situations: Comparative and Combined Effects." *Journal of Consulting and Clinical Psychology* 52: 739–49.

Hinshaw, S. P., B. Henker, C. K. Whalen, and D. Erhardt. 1989. "Aggressive, Prosocial, and Nonsocial Behavior in Hyperactive Boys: Dose Effects of Methylphenidate in Naturalistic Settings." *Journal of Consulting and Clinical Psychology* 5: 31–49.

Holland, J. L. 1985. *Making Vocational Choices: A Theory of Vocational Personalities and Work Environments.* Englewood Cliffs, N.J.: Prentice Hall.

Hynd, G. W., K. L. Hern, E. S. Novey, D. Eliopolus, R. Marshall, J. J. Gonzalez, and K. K. Voeller. 1993. "Attention-Deficit Hyperactivity Disorder (ADHD) and Asymmetry of the Caudate Nucleus." *Journal of Child Neurology* 8: 339–47.

Hynd, G. W., K. L. Hern, K. K. Voeller, and R. M. Marshall. 1991. "Neurobiological Basis of Attention-Deficit Hyperactivity Disorder (ADHD)." *School Psychology Review* 20: 174–86.

Jordan, D. 1992. *Attention Deficit Disorder*. Austin, Tex.: PRO-ED.

Leal, D., K. Kearney, and C. Kearney. 1995. "The World's Youngest University Graduate: Examining the Unusual Characteristics of Profoundly Gifted Children." *Gifted Child Today* 18, no. 5: 26–32, 41.

Lerner, J. W., B. Lowenthal, and S. R. Lerner. 1995. *Attention Deficit Disorders: Assessment and Teaching.* Pacific Grove, Calif.: Brooks/Cole.

Mann, C. A., J. F. Lubar, A. W. Zimmerman, C. A. Miller, and R. A. Muenchen. 1992. "Quantitative Analysis of EEG in Boys with Attention-Deficit Hyperactivity Disorder: Controlled Study with Clinical Implications." *Pediatric Neurology* 8: 30–36.

Martin, J. E., and L. H. Marshall. 1995. "ChoiceMaker: A Comprehensive Self-Determination Transition Program." *Intervention in School and Clinic* 30, no. 3: 147–56.

Mash, E. J., and C. Johnston. 1983. "Parental Perceptions of Child Behavior Problems, Parenting Self-Esteem, and Mothers' Reported Stress in Younger and Older Hyperactive and Normal Children." *Journal of Consulting and Clinical Psychology* 51: 68–99.

McBurnett, K. 1995. "The New Subtype of ADHD: Predominantly Hyperactive-Impulsive Type." *Attention!* 1, no. 3: 10–15.

McCarney, S. B. 1989. *Attention Deficit Disorder Evaluation Scale—School Version.* Columbia, Mo.: Hawthorne Educational Services.

McGee, R., F. Partridge, S. Williams, and P. A. Silva. 1991. "A Twelve-Year Follow-Up of Preschool Hyperactive Children." *Journal of the American Academy of Child and Adolescent Psychiatry* 30, no. 2: 224–32.

McGee, R., W. R. Stanton, and M. R. Sears. 1993. "Allergic Disorders and Attention Deficit Disorder in Children." *Journal of Abnormal Psychology* 21: 79–88.

Morin, C. M. 1996. *Relief from Insomnia: Getting the Sleep of Your Dreams.* New York: Doubleday.

Murphy, K. R. 1992. "Coping Strategies for ADHD Adults." *C.H.A.D.D.E.R.* 6: 10.

Nadeau, K. G. 1994. *Survival Guide for College Students with ADD or LD.* New York: Magination Press.

Naglieri, J. A., P. A. LeBuffe, and S. I. Pfeiffer. 1994. *Devereux Behavior Rating Scales—School Form.* New York: The Psychological Corporation.

Parnicky, J. J., H. Kahn, and A. B. Burdett. 1971. "Standardization of the (VISA) Vocational Interest and Sophistication Assessment Technique." *American Journal of Mental Deficiency* 75: 442–48.

Piers, E. V., and D. B. Harris. 1984. *The Piers-Harris Children's Self-Concept Scale: Revised Manual.* Los Angeles: Western Psychological Services.

Reynolds, C. R., and R. W. Kamphaus. 1992. *Behavior Assessment System for Children—Teacher Rating Scales.* Circle Pines, Minn.: American Guidance Services.

Robin, A. L. 1990. "Training Families with ADHD Adolescents." In *Attention-Deficit Hyperactivity Disorder,* ed. R. A. Barkley, 462–97. New York: Guilford Press.

Roche, A. F., R. S. Lipman, J. E. Overall, and W. Hung. 1979. "The Effects of Stimulant Medication on the Growth of Hyperkinetic Children." *Pediatrics* 63: 847–50.

Schultze, K. A., S. Rule, and M. S. Innocenti. 1989. "Coincidental Teaching: Parents Promoting Social Skills at Home." *Teaching Exceptional Children* 21, no. 2: 24–27.

Schumaker, J. B., J. S. Hazel, and C. S. Pederson. 1988. *Social Skills for Daily Living*. Circle Pines, Minn.: American Guidance Service.

Sprich-Buckminster, S., J. Biederman, S. Milberger, S. V. Faraone, and B. K. Lehman. 1993. "Are Perinatal Complications Relevant to the Manifestation of ADD? Issues of Comorbidity and Familiality." *Journal of the American Academy of Child and Adolescent Psychiatry* 32: 1032–37.

Stephens, T. M. *From Social Skills in the Classroom*. 1978. Columbus, Ohio: Cedar Press.

Strayhorn, J. M., and C. S. Weidman. "Reduction of Attention Deficit and Internalizing Symptoms in Preschoolers through Parent-Child Interaction Training." *Journal of the American Academy of Child and Adolescent Psychiatry* 28, no. 6 (1989): 888–96.

———. "Follow-up One Year after Parent-Child Interaction Training: Effects on Behavior of Preschool Children." *Journal of the American Academy of Child and Adolescent Psychiatry* 30, no. 1 (1991): 138–43.

Sue, D. W., and D. Sue. 1990. *Counseling the Culturally Different: Theory and Practice.* 2nd ed. New York: Wiley Interscience.

Ullmann, R. K., E. K. Slator, and R. Sprague. 1991. *ADD-H: Comprehensive Teacher Rating Scale.* Champaign, Ill.: MeetriTech, Inc.

Walker, H. M. 1988. *The Walker Social Skills Curriculum: The ACCEPTS Program*. Austin, Tex.: PRO-ED.

Walker, H. M., G. Colvin, and E. Ramsey. 1995. *Antisocial Behavior in Schools: Strategies and Best Practices.* Pacific Grove, Calif.: Brooks/Cole.

Webb, J. T., and D. Latimer. 1993. "ADHD and Children Who Are Gifted." *Exceptional Children* 60: 183–84.

Weiss, G., and L. Hechtman. 1986. *Hyperactive Children Grown Up: ADHD in Children, Adolescents, and Adults: Empirical Findings and Theoretical Considerations.* New York: Guilford Press.

Weiss, L. 1992. *Attention Deficit Disorder in Adults: Practical Help for Sufferers and Their Spouses.* Dallas, Tex.: Taylor.

Wender, P. H. 1987. *The Hyperactive Child, Adolescent, and Adult: Attention Deficit Disorder throughout the Life Span.* New York: Oxford University Press.

Williams, L., M. Lerner, T. Wigal, and J. Swanson. 1995. "Minority Assessment of ADD: Issues in the Development of New Assessment Techniques." *Attention!* 2, no. 1: 9–15.

Woodcock, R. W., and M. B. Johnson. 1977. *Woodcock-Johnson Psychoeducational Battery.* Itasca, Ill.: Riverside.

Zametkin, A. J., T. Nordahl, M. Gross, A. C. King, W. E. Semple, J. Rumsey, S. Hamberger, and R. M. Cohen. 1990. "Cerebral Glucose Metabolism in Adults with Hyperactivity of Childhood Onset." *New England Journal of Medicine* 323: 1361–66.

Zentall, S. 1993. "Research on the Educational Implications of Attention Deficit Hyperactivity Disorder." *Exceptional Children* 60, no. 2: 143–53.

찾아보기

저자 소개

로버트 에버트 키메라(Robert Evert Cimera)는 퍼듀대학교 석사 과정 때 ADHD-C로 진단을 받았다. 그는 일리노이대학교 어버너 샘페인 캠퍼스에서 특수교육으로 박사학위를 받았다. 그는 현재 오슈코시의 위스콘신대학교에서 조교수로 있으면서 특수 교사를 지도하며 ADHD를 연구하고 있다. 그의 전자우편 주소는 robertcimera@yahoo.com이다.

역자 소개

이영나

숙명여자대학교 대학원 아동복지학과 졸업(석 · 박사)

천안대학교, 한서대학교, 덕성여자대학교 평생교육원, 성화대학교, 춘천교육대학교 대학원, 대진대학교 강사 역임

소아정신과에서 아동상담(놀이치료, 사회성치료), 부모상담, 발달검사 등 수행

우주영

가톨릭대학교 대학원 심리학과 졸업(석 · 박사)

미국 Play Therapy Training Institute 연수

현재 나사렛대학교 재활학부 교수, 한국놀이치료학회, 한국 Art & Play 치료학회 이사, 상담심리사, 놀이치료사, 청소년상담사